王卫

我是想做成一个平台

徐培杰◎著

SPM 南方传媒
广东经济出版社
·广州·

图书在版编目（CIP）数据

王卫：我是想做成一个平台 / 徐培杰著. —广州：广东经济出版社，2023.3

ISBN 978-7-5454-8528-8

Ⅰ. ①王… Ⅱ. ①徐… Ⅲ. ①王卫 - 传记 Ⅳ. ①K825.38

中国版本图书馆CIP数据核字（2022）第193147号

责任编辑：蒋先润　刘雨曦
责任技编：陆俊帆
责任校对：罗玉琪

王卫：我是想做成一个平台
WANG WEI：WO SHI XIANG ZUOCHENG YI GE PINGTAI
出 版 人：李　鹏
出版发行：广东经济出版社（广州市水荫路11号11～12楼）
印　　刷：广东鹏腾宇文化创新有限公司
（珠海市高新区唐家湾镇科技九路88号10栋）

开　　本：889mm×1194mm 1/32　　印　　张：7.75
版　　次：2023年3月第1版　　印　　次：2023年3月第1次
书　　号：ISBN 978-7-5454-8528-8　　字　　数：203千字
定　　价：55.00元

发行电话：（020）87393830　　编辑邮箱：gdjjcbstg@163.com
广东经济出版社常年法律顾问 胡志海律师　　法务电话：020-37603025
如发现印装质量问题，请与本社联系，本社负责调换。

序 言

Preface

打造平台，将未来之偶然变成必然

王卫表示：“我认为，做企业的目的不是赚钱，我是想做成一个平台，通过这个平台可以实现我的价值和理想。”

1993年，王卫创办顺丰控股股份有限公司（简称“顺丰”）之初，公司仅有10万港元资本，全体员工加老板总共只有6个人，地盘也小得可怜。谁能想到这样一家毫不起眼的微型公司，在30年后会发展成行业的龙头企业！

顺丰2021年年报显示，2021年实现营业收入2072亿元，自有全货机68架、投递员42万余名。截至2022年4月26日，顺丰市值2223亿元。

今日的顺丰早已不再是人们印象中的传统快递公司，除了快递业务，顺丰还拓展了电商、金融、冷链医药和供应链等业务，王卫的平台战略设想已经变为现实。

（1）超级物流平台

中国快递协会前副会长兼秘书长达瓦称：“王卫是个非常有判断力的人，他很会抓机会，看得比别人远，顺丰的几次变革都与他有着必然的联系。”

顺丰的起步和发展离不开王卫对机会的判断力和捕捉力，更离不开其战略眼光。

1993年，在香港做小工的王卫嗅到了快递行业的商机，转行做深港路上的“捎带人”，创立顺丰。

2002年，王卫对旗下加盟商发起强势的“削藩收权”运动，公司由加盟制改为直营模式，成为民营快递企业中首家直营快递公司。同时，确定中高端定位的差异化竞争战略，奠定了顺丰腾飞的基础。

2003年“非典”疫情暴发，王卫转危为机，在航空业生意萧条的境况下果断出手，同扬子江快运达成战略合作，租下5架波音737货机，开了民营快递行业航空快运的先河。

2009年，顺丰航空正式获准运营，王卫一次性向美国波音公司购买了2架波音757飞机，顺丰成为首家拥有航空公司的民营快递公司。

直营模式、中高端定位以及航空运力，是拉动顺丰成功的“三驾马车”。

2010年，王卫开始了电商和新零售领域的探索，推出“顺丰E商圈”。此后10多年来，顺丰几乎集齐了新零售的所有业态，包括便利店、电商、生鲜电商、跨境电商、海淘、线下大型体验店、社区团购、社区小店等，但鲜有亮眼的成果。

2013年，王卫打破了“不融资、不上市”的执念，引入元禾控股、招商局、中信资本等国资背景的战略投资者，很多媒体都用上了类似“染红”“招安”等字眼来形容此次融资。

2017年2月24日，顺丰借壳鼎泰新材，在深交所敲钟上市，顺丰股价高开高走，总市值达2310亿元，超过了万科和美的集团。顺丰董事长王卫的身家也水涨船高，达到1400亿元，力压“三通一达”（中通、申通、圆通、韵达）创始人，成为快递行业首富。

上市后，顺丰由王卫“一个人的企业”变为公众公司，但他持股近60%，仍是顺丰的实际控制人。王卫带领顺丰继续探索新的业务边界，加大研发投入，拓展了电商、金融、冷链医药和供应链等业务，实现了天网（航空物流系统）、地网（公路、铁路和快递柜等陆运系统）、信息网（智慧网平台）“三网合一”与快递、快运、丰网、仓网的“四网融通”，超级物流平台战略已经初显成效。

（2）员工发展平台

王卫说：“顺丰的发展，是按客户、员工、股东、王卫这样的顺序来排布的。”

顺丰不仅仅是服务客户和股东价值提升的平台，更是员工发展的平台，员工在王卫心中一直占据着重要位置。

2016年4月17日，顺丰北京分公司的一名快递员被人殴打，一向低调的王卫一反常态为此事高调发声：“我王卫向着所有的朋友声明！如果这事不追究到底，我不配再做顺丰总裁！”

王卫对员工的暖心和关爱不限于此，公司还为员工提供了自我实现和自我发展的平台。顺丰连续9年获得“中国最佳雇主”称号。“员工要尊重，给他尊重；要收入，给他收入。”王卫如是说。

宅急送创始人陈平表示：“顺丰的收派员和企业是分配关系，不是劳务上下级关系。”这种模式不仅调动了收派员的积极性，还让顺丰收派员的收入水平远高于同行。数据显示，2020年顺丰员工的人均年薪超过20万元，月薪接近1.7万元。

顺丰鼓励并支持一线员工最大限度地晋职晋升，而非“一日做快递员，终身做快递员”。只要具备管理能力，年龄、学历、工龄等都不是限制，公司内部超过一半的管理人员都是从一线层层筛选、提拔起来的。据相关数据，截至2021年6月初，顺丰在职的2.1万余名管理者中，有1.1万余人是从收派岗（大类收派岗，不止收派员）培养和发展而来的。

（3）个人悟道平台

25岁的王卫在赚到了人生第一桶金后，有点目空一切、忘乎所以的感觉，但他很快就从这种状态中清醒过来。

王卫自述："所幸，这个过程没有持续多久，主要原因是：首先，随着事业不断迈上新台阶，个人的眼界和心胸不一样了；其次，感谢我的太太，她在我得意忘形的时候，不断泼我冷水，让我保持清醒和冷静；再次，我信了佛教，找到了精神依托。"

他读懂了佛教中的因果关系而醍醐灌顶，悟出了很多道理："人这一辈子的成就、际遇，是跟上辈子积下来的福报有关联的，不管你权力多大、财富多少，很多东西你都掌控不了……人生有百分之九十九的东西你都控制不了，只有一个百分点你可以掌控，那就是做事的态度。"

有业内人士曾这样评价王卫："王卫最大的敌人，不是UPS，不是EMS，其实是他自己。因为他太能干了。"

为了战胜"自己"这个最大的敌人，王卫一直在挑战自我、打破"我执"（固有的执念）。王卫接受《南方日报》采访时指出："做了20多年的老板，你要把心沉下去，听另外一个人讲话，有的时候可能还未必听得懂。"在王卫看来，这是打破"我执"的过程，敢于否定自己的态度和能力，去服从更厉害的人。"以前的成功是未来更成功的壁垒，如果你不打破它，就不会得到更大的成功。"

对于顺丰上市，王卫自述："这个过程中最大的挑战就是自己。以前我不用开董事会和股东大会，自己回去思考后战略就定了，但在股份制改制以后，股东大会上会突然有人问：‘王卫你为什么会这样？’他有权提问，我也有责任回答。这就是对自己的否定，就是打破自己。”

顺丰，是王卫个人悟道的平台，也是他战胜自我的道场。

（4）公益慈善平台

信佛的人往往乐于行善布施，佛教中的舍是“应无所住，行于布施”，即布施者心里不存在作为布施者的“我”和受施者之区分，所施的物也并不放在心上。王卫本就低调，再加上佛教潜移默化的影响，他很少主动提及自己所参与的公益项目和爱心捐助，对外也多是以顺丰的名义开展公益活动。据不完全统计，顺丰的公益活动覆盖了抗击疫情、抗震救灾、扶贫助学、灾后重建等多方面。

在顺丰发展过程中，王卫并未忘记承担社会责任。2021年7月20日，王卫以1.3123亿元的捐赠额，入围福布斯发布的2021中国慈善榜，这已是王卫连续3年荣登福布斯中国慈善榜。社会责任不仅是企业价值观念的外溢，也是企业经济价值与社会价值共融共生的内生性机制。王卫所打造的企业平台，亦是一个公益慈善平台，致力于回馈社会，承担更多的社会责任。

王卫在《这就是我的修炼》一文中写道：“我们现在要做的，就是利用顺丰这个不错的平台，把未来很多不确定的看似偶然的东西变成必然。”这本书能助你读懂王卫的平台思维和平台战略，读懂他的创业历程、用人策略、商战谋略和经营战略。

徐培杰

2022年夏

目录

Contents

第六章 红海厮杀：强敌环伺，竞争惨烈

第七章 拓展版图：顺丰版图的扩张之路

第八章 平台战略：打造一个超级物流平台

第一章

第一桶金：深港路上的“捎带人”

顺丰能够走到今天，

有一点和其他快递公司不一样，

那就是差异化的竞争策略。

我们所提供的快递服务和自身的市场定位，

与其他快递公司是不太一样的。

—— 王卫

1. 小工出身的创业者

1984年被称为中国的“公司元年”，这一年诞生了很多将载入中国商业史册的企业。

深圳现代科教仪器展销中心（万科的前身）成立，王石任经理；张瑞敏被派往濒临倒闭的青岛电冰箱厂任厂长；柳传志在中关村计算所的传达室内创办了联想；时任三水酒厂［现广东石湾酒厂集团（三水）有限公司］厂长李经纬推出了一款用易拉罐包装的新型电解质饮料——健力宝；军医大学教授赵新先携带自己的“三九胃泰”前往深圳创业；李东生在惠州建立了自己的工厂，它便是日后大名鼎鼎的TCL；潘宁在广东顺德用简陋的工具打造出中国第一台双门电冰箱，随后成立珠江电冰箱厂，冰箱品牌为“容声”。

1984年为何诞生了这么多的知名公司？

财经作家吴晓波在《激荡三十年——中国企业1978—2008》（上、下）里给出了这样的答案：“在科学史、艺术史和商业史上，当一个流派或国家正处于鼎盛的上升期，便会在某一年份集束式地诞生一批伟大的人物或公司。这个现象很难用十分理性的逻辑来推导，它大概就是历史内在的戏剧性。”

1993年，则是中国快递行业的第一个里程碑。这一年集束式地诞生了一批快递领域的知名公司：王卫在香港创立了顺丰，聂腾飞在上海创办了申通。从日本留学归来的陈平于1994年与哥哥陈东升在北京创立了宅急送。因此，当时业内有“南顺丰，东申通，北宅急送”的说法。

王卫祖籍广东顺德，1971年出生于上海，父亲曾是空军俄语翻译，母亲是某大学的老师。与王卫同年出生的还有两位后来的互联网大佬——腾讯公司创始人马化腾和网易公司创始人丁磊。

7岁时，王卫随父母举家迁往香港定居，父母的高级知识分子身份在香港并不被承认，因此只能从零开始，做一些底层的工作来谋生，家庭经济一度非常拮据。

在更加商业化和国际化的香港，王卫没能继承父母的文化基因，高中毕业后便结束了求学生涯，进入叔叔在香港的厂子做小工，是标准的“草根”出身，与宅急送创始人陈平的海归身份截然不同。

独特的家庭背景和成长经历，虽然没能让王卫在学业上有所成就，但给了其超乎常人的商业嗅觉和生意头脑。

王卫进入社会摸爬滚打之际，正值20世纪90年代初期，改革开放推向了新的高潮，越来越开放的内地成了众多香港生意人拓展事业的“新大陆”。据统计，当时有8万余家港资背景的工厂先后将生产制造基地迁至内地，大多数分布于靠近香港的珠三角地区，这就是曾风靡一时的“前店后厂”模式，即生产制造在内地，产品销售在香港。时任广东省佛山市委书记的欧广源当时说过一句后来被广为流传的话：“几乎每天都有企业开张，天天都是鞭炮不断。”

由于业务需要，王卫经常要往返香港顺德两地，但当时两地之间商业来往的基础设施尚未完善，一些往来香港和顺德的物品、信件很难通过正规途径送达，往往需要交由信任的人捎带，这就是

“深港路上的‘捎带人’”说法的由来。

王卫就经常受人委托捎带一些物资往返于两地。久而久之，商业嗅觉灵敏的他便从捎带中发现了商机，这片空白市场让他萌生出开一家物件收发公司的想法。

想一千次，不如行动一次。王卫是彻头彻尾的行动派。他发现商机后便立即返回香港向父亲求助，父亲对其创业设想表示支持，并借给王卫10万港元作为创业启动资金。解决了资金问题，王卫又紧锣密鼓联系了5名伙伴，搭建好了最初的创业班底，算上老板、员工总共只有6人。

王卫分别在香港和顺德设立接货和派货的网点。香港的经营网点位于砵兰街，他们租了一间只有几十平方米的店面，内地的网点则位于顺德容奇港成业路一栋不起眼的民房内，当时还悬挂着“民营快递创业基地”的横幅。

1993年3月26日，王卫借助其内地合伙人的身份注册了“顺通”公司，后来由于内部矛盾导致与合伙人分道扬镳。随后，他在香港九龙佐敦道吴淞街150～164号（现150～160号）的宝灵商业中心2楼S3室正式注册成立“顺丰”。“顺”取自顺德，“丰”则有一帆风顺、喜获丰收的寓意。

初创期的顺丰，没有老板和员工的区别，也没有上下级概念和岗位之分，每个人都是全才，从接电话、收件、下单、装货到卸货、送件，每项工作都要去做，大家同吃同住。作为老板的王卫更是身先士卒、一马当先，像发条般在“收件—装货—送件”的征途上连轴转，每天睡眠时间甚至只有三四个小时。

由于采用的是利用背包和拉杆箱来送货这种原始模式，因此他们被人称为“水货佬”。大家都拼了命地工作，有人用坏了10余个背包和拉杆箱，有人用烂了数十张地图，还有人因为急于赶路而遭遇车祸……

顺丰创业团队的拼命付出，带来了丰厚的回报。当时香港与内地之间送一件货的市场价为70元，顺丰仅收40元。尽管如此，这仍是一头令人眼红的“现金牛”，被看作一项“暴利”生意。自22岁创业，仅仅用了3年时间，王卫便赚到了自己人生的第一桶金。

2. 割价抢滩，占领市场

20世纪90年代初，广东省作为改革开放的前沿阵地，百废待兴，商机无限。那时有句话叫作“东南西北中，发财到广东”。当年的广东称得上是“遍地黄金”，到处都是空白市场和发财的机会。

那个时代，只要敢想敢干，基本上都能收获时代的红利，赚到第一桶金。

王卫是出了名的工作狂，“顺丰优选”首任总裁刘淼曾表示：“王卫是我见过最有钱的工作狂，每天都要工作十五六个小时。”

一位早期的顺丰员工说：“当时顺丰只有十几个人，大家都围在王卫身边，共同吃住，每天唯一的任务就是跑市场，业务员们都像疯了一般，每天早出晚归，骑着摩托车在大街小巷穿梭，揽件派件。”

当时，快递行业“钱很好赚”，送一份文件收费就是好几十元，远远高于现在。

华为有一条经营理念——要有一片市场，这是华为把握战略机会点的核心要素之一。的确，对于任何一个企业、任何一名创业者而言，如果没有足够大的市场，便没有其发挥价值的余地；如果没有足够大的市场，无论多么好的产品和服务都无法推广出去；如果没有足够大的市场，就没有充分的增长空间。

如果“蛋糕”（市场）足够大，即使企业分得很小的份额，也依然能够“吃得饱”。王卫带领顺丰创业小团队切入的也是一个足够大的市场，一块足够大的“蛋糕”。收获第一桶金之后，王卫和他的小伙伴们面临着一个不算太迫切，也不是必需的抉择——是继续按既有模式闷头发财，小富即安，还是谋取更长远的发展？

此时的王卫表现出了一名潜在企业家的重要素养，他并未被“遍地黄金”的快递行业蒙蔽双眼，除了赚快钱，他清晰地看到了一个更重要的目标——占领市场。

如何占领市场？王卫的策略是价格战——割价抢滩。

价格战是企业之间通过竞相降低商品的市场价格而展开的一种商业竞争行为，主要内部动力有市场拉动、成本推动和技术推动，目的是打压竞争对手、占领更多市场份额等。

20世纪90年代初期是各行各业野蛮生长的时代，价格战非常奏效，也是很多企业抢占市场、打击竞争对手的撒手锏。

1993年，格兰仕高调进入微波炉行业，此后，格兰仕屡屡挥动降价大旗，搅动市场，先后进行了9次大规模降价，最低降幅为25%，一般都在30%～40%，被业界喻为“价格杀手”。格兰仕的价格战导致了一次次的行业洗牌，那些竞争力弱、实力不强的同行对手纷纷出局。相关数据显示，仅用了3年时间，格兰仕的市场占有率在当时就高居国内第一。

再比如1996年，长虹彩电通过战略重组，控制了国内60%以上的彩色显像管供应商，大幅度降低了采购成本，随即便将其成本优势转化为价格竞争优势，在彩电行业掀起一场血雨腥风的价格大战，并在当年迅速成为市场占有率第一的彩电品牌。

王卫的价格战策略也很简单、直接、粗暴，同行揽件价格是70

元，顺丰就降至40元，用低于市场价的价格揽货，快速吸引了对价格比较敏感的大批中小商家，甚至带旺了冷清的砵兰街。尽管单价降低，但是业务量猛增，顺丰的利润依然丰厚。

价格优势，让顺丰不仅抢了许多同规模竞争对手的“蛋糕”，还从“国家队”EMS（邮政特快专递服务）“虎口夺食”。

旺盛的市场需求，加上价格优势，顺丰的触角很快便延伸到了广东各地。为了抢占市场，顺丰每到一地就会注册一家分公司，分公司由当地加盟商持有，采取加盟模式，让顺丰将珠三角一带的快递市场迅速收入囊中。尤其值得一提的是，截至1997年，在深港路上靠捎带起家的王卫，已经局部垄断了深港货运，在深港陆路通道上，顺丰一家的货运份额已经高达70%。

割价抢滩策略获得了巨大成功，顺丰在深港货运上渐渐超过众多的同行竞争对手，仿佛一颗冉冉升起的新星，脱颖而出。

3. 暴发户的迷失

王卫在22岁时创办顺丰，25岁时公司已经初具规模，虽然不是一夜暴富，但也在短时间内赚到了可观的身家，可谓年轻得志，对比以往的贫寒经历，其心境就像唐代诗人孟郊在《登科后》中所写：“昔日龌龊不足夸，今朝放荡思无涯。春风得意马蹄疾，一日看尽长安花。”

后来在谈及暴富那段经历时，王卫称自己曾是一副“标准的暴发户”姿态，因为他曾经混迹底层，做过收入微薄的小工，体验过贫穷和被人瞧不起的滋味。

年纪轻轻就赚到普通人穷其一生也无法赚到的钱后，王卫开始目空一切，那段时间，王卫同其他暴发户一样，花起钱来随心所欲，大手大脚，频频进行大额奢侈消费。

这是一个危险的信号。

北野武说：“人这种东西啊，不管外表修饰得多么光鲜亮丽，剥掉一层皮后就只剩下了一堆欲望。”

如果一笔巨大的财富突然砸来，人性的欲望和贪婪便会被放大无数倍。暴发户心态对内、对外都有难以估量的负面影响。对内，头脑发热，容易找不着北；对外，心态失衡，做出一些张狂、不理智的行为。

庆幸的是，王卫很快就从暴发户的迷失中走了出来，原因在于：

第一，暴发户的空虚感。

大手大脚花钱所带来的快感是短暂的，不仅没有给王卫带来精神上的满足，还使他产生无尽的空虚感。

第二，妻子的及时警示。

当局者迷，旁观者清。当王卫沉迷于暴发户的身份而得意忘形时，他的妻子却是出奇清醒和冷静，不断给王卫泼冷水，使其恢复理智。

第三，找到了信仰和精神依托。

在精神空虚期，王卫找到了精神寄托——佛教。佛教使他内心变得平静。

第四，事业的呼唤。

随着顺丰的快递事业不断迈向新台阶，也需要王卫这位创始人具备更高的眼界和更宽的心胸，暴发户心态难以匹配其事业心。

后来，王卫回忆起这段经历时说："随着事业不断迈上新台阶，个人的眼界和心胸不一样了。这段时期要感谢我的太太，她在我得意忘形的时候，不断泼我冷水，让我保持清醒和冷静。最重要的一点，佛教让我内心平静，并且我读懂了里面的因果关系而醍醐灌顶。"

在一次采访中，王卫对自己曾经的迷失、迷途知返乃至由此而产生的感悟进行了总结："今天这个社会，经济大发展了，但人心却更浮躁了，很多人有意无意地追求'威'（广东话'威水'的简称，意指炫耀、傲慢）。但是，在什么基础上才可以去'威'，'威'的基础是什么，很多人都没有搞清楚。有人觉得有钱有权就'威'，我认为这个观念是完全错误的。这不是建立在金钱或权力的基础之上，而是建立在道德的基础之上。一个人可以昂首挺胸地走在路上，并且收获的都是尊敬且乐于亲近（而不是羡慕嫉妒恨）的眼神，这才叫‘威’。

“在这里，我想告诉我们所有的顺丰同事，要正确理解‘威’的内涵，关于社会上对它的‘迷信’，一定要彻底打破。很多人喜欢在穷人面前炫富，在平民百姓面前炫耀权力。在我看来，这是一种很幼稚的表现，他们错误理解了财富和权力的含义，同时还缺乏一样很重要的东西。”

在王卫看来，那种很重要的东西，或许就是尊重因果、低调稳健、正确的财富观和权力观。

4.“削藩收权”运动：加盟变直营

从暴发户迷失中走出来的王卫，心态淡然，越来越低调，在1999年之前，王卫曾有一段时间淡出了公司的日常管理，做起了甩手掌柜，回归家庭，每日同妻子一道爬山、钓鱼，闲暇时喝茶，低调得像一名隐士，甚至连顺丰员工都很难见他一面。

王卫的淡出，不仅未影响公司的发展，反而促使顺丰在这一时期进入扩张的快车道。

从1996年开始，顺丰就由最初的以深港线为中心，迅速将发展网络辐射到珠三角地区，在长三角地区快速复制，并逐渐向华中、华北、西南地区渗透。

除了顺丰诞生地广东顺德，其他地区的扩张采取的都是当时快递行业流行的加盟制。各地分公司由当地加盟商持有，统一使用顺丰品牌，总部提供品牌、物流、管理支持，各地加盟商互相支撑形成网络。每个地方的顺丰加盟商就仿佛是古代的藩王，权限很大，拥有自主的经营管理权，甚至在行政、人事、财务方面都是独立自主的，分公司只需向顺丰缴纳一定数额的利润，剩余的部分自由支配。

相对于直营的重资产模式（总部需要投入大量资金），加盟制属轻资产模式，总部只需投入较少的资金，就可以借助加盟商的力量跑马圈地，占领市场，快速扩张。

不可否认，加盟制为顺丰早期的扩张立下了汗马功劳，但是，随着顺丰版图越来越大，加盟商越来越多，加盟制的一些问题开始浮出水面。

第一，缺乏长远总体规划。

什么时候加盟，在何地加盟，都取决于各地的加盟商，其行为往往是市场驱动，即哪里有需求、有市场，就将分公司开在哪里。

这种模式造成的直接后果是，顺丰在各地的快递网络布局极不均衡，形成的服务网络缺乏总体设计和长远规划。尤其是各地区之间发展不均衡。举例来说，经济发达、需求旺盛的广东地区，几乎每个县城都有顺丰的加盟商和分公司，而其他经济欠发达的内陆省份，则往往只有省会城市才有分公司，这不利于公司整体物流网络的形成。

第二，缺乏统一的品牌形象。

加盟模式下，各地加盟商各自为政，各自为战，当时的顺丰甚至没有统一的品牌标识，各地的快递员工也没有统一的服装，更谈不上自上而下统一的严格的规章制度。

第三，总部对加盟商的管控力度较弱。

相对其他加盟制的快递公司，顺丰的管理模式更加松散，总部对加盟商的管控力度非常微弱，客户资源全部掌握在分公司手中。部分加盟商为了利益最大化，丝毫不顾及顺丰的品牌形象，甚至擅自夹带私货，争揽业务，成了彻头彻尾的“土藩王”。

以上问题导致公司的运营、服务质量参差不齐，客户满意度日渐下降，投诉越来越多。

客户的投诉电话甚至直接打给了王卫，打断了他的清闲生活，这让王卫意识到了事态的严重性，他开始认真思考："加盟模式虽然极大地激发了分公司开拓市场的积极性，但客户资源全部掌握在分公司手中，还产生了管理协调不力、服务水平和能力参差不齐的弊端。更重要的是，分公司做了什么事情，总公司必须负全责。"

顺丰再一次面临重大抉择，而王卫则展现了其铁血强悍的一面，力排众议决定"削藩收权"，将顺丰的加盟制改造为直营模式。

王卫的"削藩收权"运动，堪称简单、直接、粗暴：由顺丰总部出钱将加盟商的产权全部回购，"一刀切"地要求所有加盟商必须交回产权，没有任何回旋的余地，否则就不允许再使用顺丰品牌，卷铺盖走人。

王卫强硬地推行公司改革，遭遇了很大阻力。在汕头分公司，王卫的"削藩收权"运动遭到了加盟商的强烈抵制，双方根本无法谈拢，王卫毫不退让，直接暂停了汕头分公司的所有业务，这进一步激怒了当地加盟商。据说，当时王卫甚至被加盟商在高速上狂追数十公里，但他最终依然没有妥协，强势收回了汕头分公司的产权。

在这场涉及核心利益的收权之战中，王卫甚至受到了死亡威胁，有江湖人士曾扬言要取王卫的人头，王卫雇用了几名彪悍大汉，如影随形地保护自己的安全，对于收权行动，仍然毫不退却。

经过两年多的艰难推进，顺丰的"削藩收权"运动到2002年落下帷幕。31岁的王卫收权成功，将顺丰变成自己"一个人的企业"，顺丰从加盟制蜕变为直营制，并在深圳正式成立了顺丰总部，当时顺丰已在全国拥有180个网点，顺丰的公司架构和产权结构都变得明晰起来，为公司接下来的增长奠定了基础。

5. 差异化定位：顺丰只做中高端

顺丰直营化改革成功，公司运营趋于正规，步入正轨，王卫开始思考企业的战略定位问题。

战略是企业有限资源下的取舍。迈克尔·波特对战略的定义是，以竞争定位为核心，对经营活动进行取舍，建立符合本企业的独特的适配。如果某企业选择了一种战略，即在不同的竞争方式中做出了选择。从这一意义上来说，战略选择表明了企业——

首先，打算做什么。

其次，打算不做什么。

然后，如何找到自己的细分市场，形成竞争优势，分食到属于自己的“蛋糕”。

最后，如何在既定细分市场和方向上优化配置现有资源，以实现高效运转。

企业进行战略取舍的目的在于寻求新的增长点，杰克·韦尔奇在《商业的本质》中提到一句话：增长是王道。企业在增长过程中会遭遇各种“天花板”，因此必须不断寻找新的机会点和增长点，实现战略转型。

为寻求新的机会点和增长点，王卫带领顺丰摸索出了一条差异化经营战略。王卫指出：“顺丰能够走到今天，有一点和其他快递公司不一样，那就是差异化的竞争策略。我们所提供的快递服务和自身的市场定位，与其他快递公司是不太一样的。”

战略，从一定程度上讲就是差异化，就是与众不同。

差异化竞争（competitive differentiation）是一种战略定位，即企业设置自己的产品、服务和品牌以区别于竞争者。

在市场中，全面超越竞争对手是很难的，要做得和竞争对手不一样则相对比较容易。不一样意味着差异化，意味着竞争优势。

举个简单的例子：你是苹果，我是梨，你是香蕉，我就是草莓，反正就是要和你不一样。不一样就没得比较，没有比较就没有竞争。

顺丰的差异化战略定位是基于竞争对手分析结果而得出的。在快递行业，国内竞争对手主要是“三通一达”，国际竞争对手则是国际物流行业的四大巨头：美国联邦快递（FedEx）、美国联合包裹运送服务公司（UPS）、德国敦豪航空货运公司（DHL）和荷兰TNT快递。

基于行业现状调研，顺丰找到了自身的差异化定位——中高端市场。

第一，差异化战略，定位中高端。

国内的高端市场是四大国际快递的地盘，低端的同城速递不在顺丰的战略范围之内，王卫选择将中高端客户作为自己的目标业务群体。切割了专属市场之后，为了匹配中高端品牌形象，顺丰对服务价格进行了提升，高出国内同行1倍左右，同时提供快速标准化的优质服务。

第二，以商务件为主。

当时中国高速发展的经济催生了数千家规模不等的快递公司，

它们之间的经营模式和服务价格并没有太大差异，大部分快递公司对于快件，无论是小型件还是大型件，无论是轻型件还是重型件，无论是同城件还是异地件，一律来者不拒。

顺丰则果断地进行了取舍，坚持以商务件为主。在王卫看来，发送商务件的客户多为中高端客户，他们对服务和时效要求较高，对价格不太敏感，这正好吻合顺丰的品牌定位。且商务件客户的稳定性和忠诚度都较高，不至于为了几元钱的优惠而选择价低质次的快递公司，更容易形成口碑。

第三，只收小件，拒绝重货。

为了提高收送效率，顺丰坚持只服务较小的商务文件和其他小件物品，对于超重的物品，即使客户来头再大，支付的费用再高，顺丰也不为所动。比如，某跨国公司曾邀请顺丰参与其物流项目的投标，王卫思索再三，拒绝了投标，因为该公司服务的多是重货，不符合顺丰的定位。

差异化的中高端定位战略大获成功，当时中高端市场空间较大，而竞争较小，且消费者对价格的敏感度不高，同时也倒逼顺丰提升自身的服务力，为顺丰带来了较高的品牌溢价。

随着中国经济的整体升级和电子商务的持续繁荣，王卫的这些举措最终收到了明显的效果。顺丰很快便成为国内首屈一指的快递品牌，牢牢占据了国内利润丰厚的中高端快递市场。

通过中高端的差异化竞争战略，顺丰将国内竞争对手远远地甩在了身后。在很多消费者看来，国内众多的快递公司其实只有两类，即顺丰和其他快递。

2013年7月，王卫更在顺丰内部讲话中肯定了当初差异化竞争策略的成功："顺丰能够走到今天，有一点和其他快递公司不一样，那就是差异化的竞争策略。我们所提供的快递服务和自身的市场定位，与其他快递公司是不太一样的，并且我们能够让消费者很清楚地知道，顺丰所提供的服务和其他快递有什么不同。成功定位是一家公司能够取得成功的重要因素之一，而在快递行业，赢得口碑和市场满意度是相当重要的。”

第二章

霸业初成：国内快递第一品牌

曾经有一家叫顺丰的民营企业，

能让对手从心底感到可怕更可敬！

人可以输，但不能输掉尊严！

死随时都可以，但要死得有价值！

战死，好过做俘虏。

——王卫

1. 借“非典”之机，顺丰飞上天

2002年，王卫完成了顺丰发展史上的几件大事：收权成功、成立深圳总部、确定中高端差异化定位战略。

王卫和顺丰的一举一动都引起业内的高度重视，在时任中国快递协会副会长达瓦看来，王卫是个非常有判断力的人，他很会抓机会、看得比别人远，顺丰几次的变革都与他有着必然的联系。

在早期顺丰员工眼中，王卫则是这样的形象——不满足于现状，积极进取。王卫对于顺丰的组织架构、产品的更新迭代，一直都孜孜不倦，从不安于现状，总在不停工作。

王卫就是这样一名企业掌舵者，致力于推动组织变革和服务提升，善于捕捉战略机会。

2003年，“非典”来袭，突如其来的疫情给全国笼罩了一层阴云，很多行业停摆，学生停课，企业停工，人们大多居家不敢外出。凡事都有两面性，让人们谈之色变的“非典”疫情，反倒成就了两个行业。

其一，电商。疫情期间，人们大都居家隔离，外出购物消费的频次大大降低，被抑制的消费需求，在“非典”期间找到了一个宣泄口——网络购物，网络购物获得了爆发式成长，电商企业获得了难得的发展契机。

其二，快递行业。网络购物的增加，让快递业务量猛增，快递行业也迎来了难得的历史性成长机遇。

“非典”时期，国内快递公司的业务量剧增，当同行都忙于揽收更多快件之际，王卫的目光看得更远，格局更大。

疫情影响之下，航空业生意同样萧条，国内航空运输价格大跌。王卫抓住了机会，果断出手，同扬子江快运达成战略合作，出资租下了扬子江快运旗下的5架波音737货机。这种载重15吨的全货机被顺丰用来承运快件，往返于广州、上海和杭州3个快递集散中心。顺丰成了国内第一家采用全货机运送快件的民营快递企业。

除了以上5架专机，顺丰还和国内多家航空公司签署合作协议，利用其230余条国内航线的客机专用腹舱，在国内通航的各个城市之间运送快件。

有了全货机和航空公司的加持，顺丰让货物“飞上了天”，实现了全年365天无假日、全天候派送。顺丰还利用全货机夜航进行快件运输，从而实现了快件的次晨送达或次日送达，例如从深圳到北京所需的快件送达时间就缩短到1天以内，快件的破损率和遗失率也大大降低，极大提升了快递速度和客户体验。

“非典”期间，顺丰业务量增长势头良好，年增速高达50%。业务量的猛增，形成规模效应，降低了包机运输的成本，进一步增强了顺丰的竞争优势，形成良性循环。

对王卫而言，当初做出包机的决定并不是一个轻松的过程。曾担任顺丰区域经理的一位中层员工称：“我听说当时账上的钱很少，王卫那时候压力很大，如果飞机装不满，收入就跟不上。”所幸，顺丰的航空服务模式得到了客户的认可，业务量与日俱增，包机的运量实现了满载，并未出现运力的浪费。

借助飞机，顺丰成了名副其实的“速递”公司，凭借空运的优势，快速横扫华东乃至整个国内市场，在全国范围内完成了200多个关键物流网点的搭建，进入了发展最为迅速的黄金阶段。而彼时的“三通一达”等竞争对手还在忙于价格战，同顺丰的差距越来越大。航空快件运送，也让顺丰在时效性上获得了领先竞争对手的压倒性优势，其品牌定位和客户群体也与同一时期发展起来的其他民营快递企业有了明显的区隔。

在业内人士看来：“王卫把服务质量、客户看得很重，一切都要让位于这两个。”王卫选择同航空公司合作，本质上也是出于提升服务质量、更好服务客户的考虑，这是一种经营信仰。

王卫表示自己是一个有信仰的人，如果缺乏信仰，人在很多事情的选择上就会患得患失，优柔寡断，而有了信仰力量的支撑，往往会勇往直前。事实上，这种信仰也深深根植到了王卫的行事风格和日常经营抉择中。

2. 首家拥有飞机的民营快递企业

借助“非典”契机，顺丰自2003年进入全面发展期，到2006年年初，顺丰在国内已建有2个分拨中心、52个中转场，拥有2000多台干线中转车以及1100多个营业网点，覆盖了国内20个省的100多个大中城市（包括香港地区）及300多个县级市或城镇，发展势头迅猛。

与此同时，顺丰的航空快递业务量与日俱增，自2004年开始，航空业务年均增幅超过70%，到2008年，顺丰航空快件运输量已达16.5万吨，同比2007年增长47.3%。其中包机载货量为6.95万吨，客机腹舱载货量为9.55万吨。

业务的高速增长产生了新的问题，租用的飞机已经很难满足顺丰日益增长的业务量需求，而且其他竞争对手也在迎头追赶，纷纷模仿顺丰租用飞机以争夺航空快递市场。

更高端的市场，实力强大的国际四大物流快递巨头早就使用自有飞机进行运输，王卫也萌生更大的野心，希望购买自己的飞机，组建顺丰自身的航空公司。

这是一个风险颇高的艰难抉择，同租用飞机不同，直接购买飞机的费用巨大，同时还要承担机场费用、飞行员费用、维护费用、航空燃料费用等，成本很容易失控。正因为如此，王卫为购置飞机筹划了多年。

2008年，金融危机席卷而来，王卫在顺丰内部发表了题为《用生命捍卫价值观》的讲话。讲话中，王卫提到："3年后，顺丰是不是能成为中国快递业的骄傲，我们能不能打赢这场与国外对手的保卫战，也许都不重要了。因为，我们要让大家看到的是，在中国的速递行业中，曾经有这样一批人……曾经有一家叫顺丰的民营企业，能让对手从心底感到可怕更可敬！人可以输，但不能输掉尊严！死随时都可以，但要死得有价值！战死，好过做俘虏。"

面对来势汹汹的国际竞争对手，顺丰上下吹响了决战的号角，这次内部讲话后来也被称为"末日演讲"。

国际竞争对手和金融危机并未让顺丰收缩战线，"末日演讲"后顺丰反而放开了手脚，筹划多年的购置飞机和组建航空公司事宜被正式提上日程。

经过多方运作和努力，2009年年底，中国民用航空局发布了一条公告，宣布顺丰航空正式获准运营。与此同时，王卫一次性向美国波音公司购买了2架波音757飞机，成为民营快递行业中首家拥有自己飞机的公司。而国内的竞争对手，比如圆通，到2015年才拥有自己的第一架飞机。

某快递公司高管曾这样评价顺丰和王卫："顺丰的每一次发展，确实都走在了行业的前沿，这意味着我们不得不紧跟在王卫的身后。某种程度上而言，先发优势确实占尽先机，但同时也意味着危险。因此，'顺丰的布局能否达成'这个问题不如换个角度，就是'领头羊顺丰是否会犯错'，他若犯错，那么行业内这么多同类型企业就会一拥而上，占领市场。"

王卫的每一次决策：从加盟到直营，到定位中高端，到租用飞机送快递，再到购置飞机组建顺丰航空，都抢占了先机，同时也潜藏风险，所幸顺丰后来的发展都验证了王卫的决策是正确的。

顺丰航空的成立，再一次让王卫实现了华丽转身，让所有国内同行都望尘莫及。

自有飞机和航空公司的横空出世，让顺丰的空运效率更高，服务水准和快递时效有了进一步的飞跃。面对金融危机和国内外竞争对手的双重冲击，顺丰的背水一战取得了效果，不但没有“战死”，反而绝处逢生，赢得了新的发展机遇。有意思的是，2010年经济大势趋好之后，王卫还对当初只买2架飞机的决定表示后悔，称自己还是太保守，应当趁飞机在金融危机期间便宜多买几架。

从组建我国首家民营货运航空公司起到如今，顺丰已经发展成为国内全货机数量最多的货运航空公司，形成覆盖全国、辐射亚洲、触达欧洲、通航全球60余城的货运航线网络。顺丰2021年年报显示，顺丰航空已拥有68架全货机，全天候待命，随时准备为客户提供高效的优质服务。

3. 与“国家队”的正面对垒

对于国内快递公司，有人形象地分为三类：“正规军”“军阀”“游击队”。

“正规军”即EMS和顺丰，管理运作较为规范，都采用直营模式，服务质量高，竞争力强。其中，EMS是“国家队”，具有无可比拟的资源、政策和网点优势，顺丰则以航空运力、管理严格、服务水平高著称。

“军阀”即宅急送和申通、圆通、中通、百世汇通（其于2016年更名为“百世快递”，以下简称“百世”）、韵达（业内所说的“四通一达”）。宅急送起家于我国北方，一度有“南有顺丰，北有宅急送”之称，品牌形象较好，营销能力较强。“四通一达”同属浙江桐庐系，执行的都是加盟模式，网点分布较广，对淘宝等电商业务依赖较大。

“游击队”即各种区域性的快递配送公司和夫妻店，规模小，竞争力弱，在夹缝中生存。

2002年，王卫“削藩收权”后，顺丰成为国内仅有的两家采取直营模式的快递公司之一，另一家是EMS。

EMS是邮政特快专递服务，是由万国邮联管理下的国际邮件快递服务，在中国境内是由中国邮政提供的一种快递服务。EMS于

1980年开办，业务量逐年增长，业务种类不断丰富。

当王卫带领顺丰早期的团队在深港线上起家时，国内的快递市场尚是一片蓝海，尤其是个人快递业务尚未被打开，而企业市场和更高端的市场则被EMS占据。

王卫所做的生意，其实就是从EMS“虎口夺食”，比如早期王卫所采取的割价抢滩策略，抢的主要就是EMS的生意。一个顺丰前高管后来总结说：“当时王卫抢了EMS不少生意。送一个文件就几十元，很好赚。”

在国内民营快递公司野蛮生长的阶段，中国邮政对顺丰之类的民营快递公司还有管理、检查、处罚权，但这并没有阻止顺丰等公司发展壮大。

2003年“非典”之后，顺丰凭借包机和租赁航空公司客机腹舱资源的航运模式，树立起了“快”的品牌标签，获得领先国内竞争对手的竞争优势，迅速完成全国 200多个网点的布局，进入发展最为迅速的时期。到2006年年初，顺丰在国内已拥有2个分拨中心、52个中转场、2000多台干线中转车以及1100多个营业网点，覆盖了国内20个省的100多个大中城市（包括香港地区）及300多个县级市或城镇。

尽管如此，顺丰在巨无霸的“国家队”EMS面前，规模仍然很小。

2010年，中邮速递（中国邮政速递物流股份有限公司，隶属于中国邮政集团有限公司）成立，EMS被整合入中邮速递旗下，此外，中邮速递还拥有国内知名的物流品牌“CNPL”。顺丰的全年营收只有中邮速递的一半。

随着顺丰航空的成立，以及顺丰航空运力的日渐强大，中邮速递也感觉到了越来越明显的竞争压力。

中邮速递挂牌成立时，已拥有18架全货机，形成了自成体系的集散式航运网络，但是，这18架全货机基本上是采取融资租赁和经营租赁模式得来的，其飞行效率显然不如顺丰自有的全货机。而且，中邮速递的货机以波音737型号为主，而顺丰的货机则主要是波音757，同前者相比，波音757航程更远，装载量更大，且飞行性能优越，能够适应各种复杂的地理和气候条件。因此，国际巨头型快递公司无论是从规模经济性还是从适用性上考虑，都会首选波音757。例如，联邦快递的航运机队就是以波音757为主。另外，结合中国幅员辽阔的国土面积以及复杂的地理环境，顺丰选购波音757自然适航性更强，运力也更强。

另外，截至2012年，顺丰还租赁了国内1671个早航班中的843个，晚航班也被顺丰租用了将近40%。

截至2013年11月，顺丰已经拥有13架自有全货机，另外还租赁了19架全货机，形成了共32架全货机的航运机队规模，在航空运力和航运效率上超过了中邮速递。

顺丰航空给中邮速递带来了强大的竞争压力，为了弥补航空运力的不足，2013年4月，中邮速递从山东航空一次性购买了5架二手波音737。

在可以预见的未来，中邮速递将会和顺丰在国内、国际航线上展开激烈的航空争夺战，以夺取国内航空快递领域的市场份额和行业老大位置。

不仅仅航空运力，相比国家队的中邮速递，顺丰在时效性、定价灵活性和服务力上也具备了一定程度的竞争优势。

4. 险些被收购的行业老大

顺丰的竞争对手，不仅有“国家队”的EMS，还有民营快递诸强。

顺丰、申通、宅急送3家堪称行业标本的公司，各有不同的发展路径和企业命运。

宅急送创始人陈平（还有陈显宝、陈东升两兄弟）的创业之举完全是受日本快递公司宅急便的启发。初创期，宅急送送过鲜花和牛奶，甚至一度差点成了一个搬家公司。同时，宅急送开了包裹门对门服务的先河。

在我国民营快递行业野蛮生长的年代，快递公司有着明显的地域标签和地域属性，在发展早期，任何一家公司都没有能力独自霸占全国市场。

包括顺丰、宅急送和申通在内的我国第一批民营快递公司的拓荒者，都在各自所属区域内迎来了大发展。尤其是2003年，随着电子商务的爆发，电商件数量呈指数级增长，民营快递公司顺势抓住了这一千载难逢的机遇，奔向了各自增长的快车道，我国快递行业一度形成了“南有顺丰，北有宅急送，东有申通”的竞争格局，宅急送的发展势头一度超过了顺丰。

2005年，顺丰的营业收入基本和申通持平，同宅急送的差距也不明显，我国民营快递行业呈三足鼎立的竞争格局。

2007年，宅急送的营业收入为13亿元，成为民营快递行业的老大。据《南方周末》当时报道，宅急送的创始人陈平踌躇满志，亲自前往顺丰的大本营深圳找到王卫，向其发出收购邀约，欲强强联合打造更强大的民营快递帝国，但被王卫拒绝。

当时的陈平正在进行一场宏大的谋划，他预测电商件和小快件的市场容量会进一步爆发，于是对宅急送的组织架构、快递网络进行了大刀阔斧的变革，将业务重点瞄准了零散小件，希望进一步坐稳民营快递老大的位置。

然而，计划赶不上变化。尽管宅急送提前进行了快递网络布局和人员扩容，但是，随之而来的市场并没有预料中的那么火爆，再加上宅急送的融资失败，以及2008年全球性金融危机的冲击，宅急送上市计划搁浅，增长乏力。“屋漏偏逢连夜雨”，宅急送几名创始人之间也出现了矛盾和隔阂，最终的结局是陈平选择出走，宅急送的良好发展势头戛然而止。陈平退出后一度破釜沉舟，将自己的别墅都抵押了出去，贷款创立了星晨急便，希望再创辉煌。

华为创始人任正非曾提到，“在大机会时代，千万不要机会主义，我们要有战略耐性。”华为擅长针对战略机遇进行“傻投入”，30多年来，中国与世界的经济社会环境几经更迭，但华为不为外界所扰，没做过一寸房地产生意，对炒股与热钱不闻不问，只专注于一件事情，那就是长期坚守通信技术研发和产品开发领域，用任正非的话说就是，“华为‘只对准一个城墙口冲锋’”。

同时期的王卫，也保持了相似的战略定力，坚持直营模式，坚持中高端定位。在航空运力的加持下，除了收费标准逐步调高、取送件时间逐渐缩短之外，顺丰的品牌定位和产品定位一直没有发生实质上的改变，清晰的市场定位，也让顺丰逐渐拉开了与宅急送等民营快递公司的距离。

2010年，顺丰营业收入突破百亿元大关，达到120亿元，同期申通的营业收入为60多亿元，而宅急送仅仅20多亿元。同年，王卫开通了韩国和新加坡的收派业务。

截至2010年，顺丰已经拥有8万名员工，旗下资产包括1200余条各类陆运干线和6000多台自营车，在全国拥有38家直属分公司、3个分拨中心、近100个中转场、2500多个基层营业网点，覆盖除了西藏、新疆地区之外的全国32个省级行政区的近250个大中城市以及1300多个县级市或城镇。此外，顺丰在韩国、新加坡都设立网点并开通收派业务。

在国内，顺丰的经营规模、网点覆盖和市场份额仅次于中国邮政集团有限公司。

5. 低调的行业巨头和带头大哥

直营模式、中高端定位以及航空运力，是奠定顺丰成功和竞争力基石的“三驾马车”。宅急送的创始人之一陈平在离开宅急送创办星晨急便后，曾提出“学习顺丰好榜样”，顺丰也一度被外界视为快递行业的“黄埔军校”，为快递行业制定了较高的行业标准，输出了很多高素质人才。

“顺丰一定会成为中国的联邦快递。”顺丰的一位供应商说，“这是不可避免的，你想阻止也阻止不了。它10年之内会买100架飞机，全国机场周围的地它也占得差不多了。光这两样，已经没有第二家能跟它比了。”

顺丰同联邦快递还有一定的差距，但在国内民营快递领域，它已经是当之无愧的行业巨头和带头大哥。

作为行业龙头公司，顺丰连同它的创始人王卫都充满着神秘色彩，外界对其知之甚少。顺丰和它的缔造者王卫都非常低调，只想闷头赚钱，不希望抛头露面。

有人曾戏称：“你天天见到马云，但是一般见不到他的员工；你天天见到顺丰的员工，但是很难见到他的老板王卫。”王卫被称为中国最神秘的富豪，行事低调，很少出镜。

低调历来是王卫和顺丰的标签。香港回归之前，国企中铁快运曾希望通过铁路渠道打开香港的快递市场，当这家国企派人前往广东谈判时，却被当地海关婉言拒绝了。直到那时，中铁快运才了解到，当地已经有一家民营企业几乎垄断了整个深港线上的快递业务，这家企业就是顺丰。

不仅仅同行，政府机关对顺丰的了解也一度非常少。2002年，顺丰在深圳市福田区租下了万基商务大厦整栋楼，设立了企业总部。而深圳市的领导居然是在前往北京参加某场邮政部门的会议时，才从侧面得知自己的辖区内竟然有一家行业龙头企业。从那时起，政府才开始对顺丰重点关注和关照。

在终端消费者眼里，人们在电视中可以看到刘翔代言的EMS，也可以看到张丰毅代言的UPS，但却很难看到顺丰，因为它从来不做任何广告。直到2004年，顺丰才开始设立严格意义上的市场部门。

在创业的前20余年，王卫几乎没有接受过任何媒体的采访，一位物流快递行业资深人士告诉某个试图采访王卫的记者："你们百分之百采访不到他。"甚至就连顺丰的企业内部刊物《沟通》，在创刊后长达7年的时间内，也从未刊登过掌门人王卫的正面照片，只是偶尔放一些王卫的背影和非常模糊的侧面照。

2013年，《理财周报》记者进行了数周的采访调查，甚至访遍了深圳市福田区新洲十一街万基商务大厦顺丰总部的每一个楼层。在记者眼里，不仅仅王卫，整个顺丰都被深深打上了神秘的烙印，隐忍而低调。当时记者是这样描述的：

记者曾以快递员的身份，来到坐落于深圳市福田区新洲十一街的万基商务大厦。这栋26层高的大楼门前只有2条车道，并且不像腾讯那样将LOGO放在显眼处。这就是顺丰速运（集团）有限公司的总部。

“它（顺丰）太低调，低调到不想被人发现。当年我入职时，下公交后在这附近找了半天。”一名顺丰内部人士回忆。

顺丰占据万基商务大厦大部分楼层，物业管理交给了福田当地地产商金地集团。顺丰每层办公布局基本上一致。落地玻璃门上刻有“SF”字样。走廊上两个挂壁电视循环播放寄快递规范指南。

记者抵达大厦门口时，恰逢CEO（首席执行官）王卫与客户洽谈完毕，从顺丰前台方向走出。王卫约1米75的身高，身材略微发胖，皮肤白皙，身穿浅蓝色的工作衬衫、休闲款的白色裤子，脖子上挂着工作牌，笑着送走西装革履的客户。

正是这个人，正在改变和塑造着整个快递行业，甚至是更多行业的生态。

6. 给员工一份体面的工资

王卫的“削藩收权”运动结束后，顺丰由加盟制改为直营制，公司不再像以往那样依靠广铺网点进行扩张，快递员也不再依附于各地加盟商，而是由总部发工资。如何调动快递员的积极性，是王卫面临的一个重大命题。

在顺丰，给员工一份体面的工资，让员工有尊严地享受工作的乐趣，一直是至关重要的企业核心价值。

事实也是如此，顺丰的高工资在业内是出了名的。早期，当同行快递公司的员工月薪只有1000多元时，顺丰快递员的月薪就已经是两三千元起步，甚至月薪过万的也大有人在。顺丰管理层的薪酬，也至少比同行企业高出1倍，极具竞争力。

2010年网络上曾有一个关于顺丰快递员的帖子，由微博网友“杂碎江湖”发布：“刚才顺丰的快递员在我司发飙了。‘我一个月工资一万五，会为了你这2000元的礼品丢这个饭碗么？’整个公司，一片寂静。”

这个帖子一度上了热搜，也从侧面证实了顺丰快递员的高收入。

我看到过一篇标题叫《如何用二流薪资吸引一流人才》的文章，看后我的第一反应是——为什么要用二流薪资去吸引一流人才呢？就不能用一流薪资去满足他们吗？当然，文章所讲的对象可能有自己的难处，但无论如何，这种策略都只是一种权宜之计，难以沉淀下真正卓越的人才。

事实上，有格局的企业家，优秀的企业，都懂得用一流甚至超一流薪资去吸引人才的道理。

马云曾指出："理想和收入你都得有，软硬两手抓。只讲收入的话，人家一定能把你的员工挖去。光讲理想，一开始可以，当大家饿了，还是会走。所以你在理想到实践的过程中，要做到收入也是每年在提高。"

在任正非眼中，华为是"三高"企业：高效率、高压力、高工资。他坚信，高工资是第一推动力，重赏之下才有勇夫。

史玉柱也认为给员工高工资时，实际成本是最低的。他说："根据我的经历来看，给员工高工资时，实际成本是最低的，公司是主动的。在人才面前，若你比竞争对手给出的工资高一截，一年之后你回过头来看，你所获得的利润远远高于你所付出的成本，企业最高的成本不是给合格员工发高工资，而是还在给大量不合格员工发低工资。"

史玉柱从一夜负债数亿，到东山再起身价上百亿，同他的"敢分钱"是有很大关系的。

"要让员工收入的增速超过企业的发展速度，更多地分享企业的发展成果。"这句常挂在红豆集团总裁周海江嘴边的话，也折射出了红豆集团的一贯追求：做一个有责任感的企业，和员工结成物质利益共同体、精神利益共同体和事业共同体。"涨工资短期增加了企业成本，长期绝对是利好!"周海江深有体会地说。

从2007年开始，红豆集团每年都涨工资，幅度至少在15%，这对于一个有着22000多名员工的大型企业集团来说，工资的成本自然是水涨船高，但是，企业不仅没有受其所累，反而加快了发展脚步，年利润增幅超过20%。

为何企业活力和后劲十足？因为红豆员工收入的增长和企业发展已经形成良性互动。

你想让员工忠心，让员工敬业，让员工拼命工作，却舍不得付出，不懂得加大力度去拉拢，又怎么可能会如你所愿呢？

老板要给员工创造四种机会：赚钱的机会、做事的机会、成长的机会、发展的机会。

赚钱的机会应排在第一，必须要给员工足够养家糊口的钱，让他们在工作中得到实惠，才会在此基础之上再谈其他，否则整天讲"授人以鱼不如授人以渔"都不过是糊弄人的鬼话。老板要有分钱的意识，给大家打造一种"发财"的机制，让大家能挣到钱，得到发展，这样才能一呼百应，应者云集。

遗憾的是，很多人意识不到这一点。

我看到很多企业老板，时常挖空心思设计绩效考核制度，明面上，他们自称是为了激发员工干劲，其实心里面有自己的小算盘，生怕员工拿到的太多。很多老板都是制定绩效考核制度的能手，现实中更加司空见惯的是，绩效考核措施从无定型，朝令夕改。这必然导致人心浮动，员工徘徊不定，忠诚度不高，归属感不强，这山望着那山高，一旦有人以更高的待遇抛出橄榄枝，他们立马会动摇。

斤斤计较的老板，带出的必然是斤斤计较的员工，反之则反。

王卫为了让员工"名正言顺"地拿到高工资，也设计了一系列薪酬制度。

第一，承包制。

顺丰快递员采取承包制，即每个快递员都有自己的专属服务片区，别的同事不会侵入自己的服务范围，这样就可以充分调动快递员的积极性，在属区内进行深度业务开发，从而提高收入。但是，如果某个快递员片区内的业务量增长不达标，一定时间不见起色的话，则会换人。压力和动力机制并举。

第二，计件工资制。

快递业有句行话叫“收一派二”，即一个快递员收一个快件的同时，应该派两个快件。人们通常所说的送快递，实际上更多指的是派件。快递员挣钱来源有两个：一是收件，二是派件。收件越多，派件越多，挣钱也就越多，在顺丰实行收派件计件工资制，且上不封顶。

这种机制下，快递员看似是顺丰的员工，其实本质上都是在为自己打工，就像是公司里的承包户、个体户。宅急送创始人陈平就曾感叹，顺丰选择了与员工分配工作，而不再是普通劳务协议上的雇佣关系和上下级关系。在承包制和计件工资制下，每个快递员都会非常积极地在属区内拓展客户，做好客户服务，客户越多，客户满意度越高，快递员的收入也就越高，与此同时，企业也在实现良性成长。

第三章

合纵连横：结盟通达，对抗菜鸟

做电商件关键是能够打通数据，

因为有数据后，

公司才能更好地服务于品牌商家。

公司增值应该是在于整个组合的价值，

而不是物流的价值，

公司愿景是做数据科技服务公司，

物流只是手段和服务工具。

——王卫

1. 王卫错失电商件红利

王卫早期靠低价策略起家，直营之后的顺丰选择了中高端的市场战略定位，再加上航空运输的优势，在商务件等中高端快递业务细分领域，王卫做得得心应手，顺丰获得了牢不可破的市场地位。

如果形势一直照这样演变下去，相信王卫能够进一步提升顺丰的高端品牌形象，巩固牢不可破的市场地位。

但是市场上总会有一些“黑天鹅”事件。

通常，“黑天鹅”事件满足以下三个特点：

首先，它具有意外性。

其次，它产生重大影响。

最后，虽然它具有意外性，但人的本性促使我们在事后为它的发生编造理由，并且或多或少认为它是可解释和可预测的。

顺丰和快递行业的“黑天鹅”事件很快便出现了，挑头的是远在杭州的马云和他旗下的阿里巴巴。

2003年5月10日，阿里巴巴集团旗下的电商网站淘宝网在杭州成立，当年实现交易总额3400万元。

2005年，淘宝网超越eBay易趣，开始把竞争对手们远远抛在身后。2005年，淘宝网成交额激增至80亿元，超越沃尔玛（中国）。

2006年，淘宝网成为亚洲最大的购物网站，调查数据显示，这一年每天有近900万人上淘宝网“逛街”。

早期的快递件主要分商务件和个人散件，随着淘宝等电商网站的异军突起，网络购物在国内呈爆发式增长态势，电商件大量涌现，快递件市场开始呈电商件、商务件和个人散件三足鼎立的局面。

2008年，仅淘宝网每天产生的电商件就已达到500万单。这是一个什么概念？当时“四通一达”中规模最大的申通，每天在全国的总业务量也才100万单。换句话说，仅仅淘宝一家网站产生的电商件，就足以喂饱“四通一达”。

“四通一达”嗅觉灵敏，牢牢把握住了电商单的机会，同淘宝实现了紧密捆绑，全面拥抱电商件。

五大快递公司的快递小哥们忙到脚打后脑勺，仍然消化不了淘宝所产生的源源不绝的电商快递订单，而在经济发达的长三角、珠三角等地，电商件一度占据通达系快递公司高达80%的业务份额。

为了满足日益增长的电商件配送需求，“四通一达”纷纷招兵买马，扩充运力。后来，为了抢到更多的电商件，“四通一达”又大打价格战，单价甚至降到了成本价，为了市场份额不惜牺牲利润。当时，有业内人士曾指出：“现在大家看似吃得很饱，但是没什么营养。看似单子很多，但并不赚钱。”

借助用利润换市场的策略，“四通一达”成功地搭上了电商的顺风车，发展迅猛。

同时期的王卫，仍自恃中高端定位的品牌形象，根本看不上低端的淘宝件，以至于当时的淘宝件在顺丰的业务版图中所占比例仅仅有一成左右。面对电商件，王卫和顺丰是傲慢的，不屑于自降身份同“四通一达”一样配送淘宝件。

然而，随着淘宝等电商的持续爆发式增长，电商件仍在激增中，“四通一达”顺势抢占了大量电商单，迅速扩张，市场份额日益提升，给顺丰带来了越来越大的压力。

到2010年，我国已经有高达6亿的网购用户，当年国内的快件总量接近50亿件，其中超过50%来自电商，王卫越来越深刻地意识到电商件的重要性。此时，“四通一达”已经有高达80%的业务量源自淘宝，而顺丰的电商件占比却不足10%。《经济观察报》指出：“顺丰切入电子商务为时晚矣。顺丰一直没有切入这一块，它现在也想切，但已经切不进去了，因为‘四通一达’已经差不多将其瓜分完了。”

在电商件这块最大的快递“蛋糕”上，通达系已经占尽了先机和优势，市场份额不断扩大，作为对比，顺丰的市场占有率则不断下降，从2014年的11.5%一路下降到2019年的7.6%，落在了“四通一达”之后。

电商平台对快递行业的重要性与日俱增，电商平台在很大程度上掌握着大部分快递公司的命脉，而王卫和顺丰已经错过了电商的顺风车，错过了电商带给快递行业的红利。

2. 试水电商件，对战“四通一达”

网络上有一个关于王卫和马云的段子：早些年，马云在香港试图约见王卫，王卫拒绝了。多年后，马云的淘宝崛起，电商不仅改变了商业生态，也在很大程度上冲击了快递行业，王卫在杭州约见马云，这次轮到马云拒而不见。

某位顺丰内部人士还爆料称，早年间意气风发的王卫不仅拒绝过马云，还拒绝过马化腾的拜访。

段子的真实性当然无从考证，但是面临电商件的与日俱增和“四通一达”所制造的竞争压力，王卫也开始尝试放低姿态，去试水电商件，试图从“四通一达”手中夺回一些市场份额。

随着快递市场的进一步成熟，人们的消费意识也在改变，对快递配送的需求变得多元化，大多数消费者对配送速度比较敏感，但也有部分消费者只对价格敏感，对时效的要求并不高。因此，快递公司推出个性化、定制化的服务迫在眉睫。

例如，2012年6月起，电商公司亚马逊基于价格敏感型客户，在上海推出了“慢递”服务，即客户如果购买亚马逊自营商品金额满99元，就可选择“4～7天配送”的“慢递”服务，可以享受立减3元的快递费用优惠。

2012年8月，顺丰宣布推出首款经济类快递产品“四日件”。所谓“四日件”，顾名思义就是4日左右才能够送达的快件。从时效上看，“四日件”同顺丰其他时效性产品的当日达、次日达等有较大的区别。“四日件”服务是同顺丰速运航空件互补的陆运类产品，主要用来寄送化妆品、光碟、酒水等以往无法通过航空运输、寄递的物品。该项服务的寄递价格相比航空件大幅降低，首重由22元降低至18元，续重价格则从14元/千克大幅降低至7元/千克。

“四日件”主要通过陆路运输，服务对象则针对淘宝等电商平台卖家。该产品推出后，顺丰同时开通了562条陆运线路流向，但顺丰为此增加的额外投入并不是很大，只需在其全国500多条短途陆运线路基础上新增几十条干线线路即可，可覆盖华东、华南、东南、华中、华北等地区，全国32个省区市（除新疆、西藏地区）均已开通。此外，该陆运产品将延续顺丰“收一派二”的服务标准，即上门服务时效为收件1小时，派件2小时，选用该产品的用户也将享受顺丰航空件所包含的增值配套服务。

顺丰方面相关人士表示，之所以推出平价产品“四日件”，是缘于“客户的需求正呈现多样性，市场会出现对于价格、时效、服务保障的多层次需求”，只是在原有的服务基础上进行产品线的延伸，让更多用户有机会享受顺丰专业化的服务，并不会与“四通一达”形成正面竞争。

但事实上，“四日件”针对的正是电商市场，而该市场恰恰是“四通一达”的自留地，顺丰进军电商市场，将不可避免同“四通一达”发生正面交锋。外界评价，顺丰意在从“四通一达”手中夺回20%～30%重价格轻时效的客户。电子商务观察员鲁振旺指出：“顺丰此次盯上了日均规模过亿的淘宝包裹市场，是为寻求新的增长点，现在它在淘宝还排在EMS之后，只是申通的零头。”

2013年，顺丰加大了对电商市场的渗透力度，再次推出“标准件6折”的优惠政策，价格上逼近了“四通一达”，试图进一步杀入电商快递市场。

王卫很清楚，价格战是电商件的入场券，要想在电商市场有所作为，价格战是最奏效的手段。圆通就是最佳案例，其掌门人喻渭蛟从2005年就开始了和淘宝网的深度全面合作，把异地快递派送费用大幅度降价1/3，从原来的每单18元降到每单12元，仅仅为EMS每单24元的一半。这在业内引起一片哗然，很多业内人士痛斥圆通扰乱市场。但不可否认的是，正是价格战，让圆通抓住了电商带来的巨大机遇，将圆通每日业务量提升到450万件以上。

“四日件”和“标准件6折”的优惠价格，让顺丰在电商件领域的市场占比由0.5%提升至8.8%，但同时，顺丰的综合毛利率也由24.87%下降至17.25%。

综合考虑之后，王卫对电商业务进行了冷处理，“标准件6折”业务被叫停。

据顺丰福田区的某位分公司负责人介绍，2014年其所在的分公司参与了电商特惠业务，每单价格低至六七元，但客户实际享受的服务同每单32元的商务件是一样的。“最后把老客户做死了，（较低价格的）电商单也没什么好赚。”

2015年，顺丰再次调整了产品策略，继续聚焦中高端市场。数据显示，2014年，顺丰扣非净利润从2013年的18.9亿元降至9.2亿元，2015年专注中高端市场后，利润又回升至16.2亿元，毛利率从2014年的17.25%回升到20.42%。

对电商特惠等业务的叫停，让王卫重拾10余年前服务中高端客户的初心。

3. 横空出世的菜鸟

与顺丰在电商件上的失意境况不同，“四通一达”可谓春风得意，几乎垄断了淘宝平台的九成快递量。但通达系也出现了新的问题，由于业务严重依赖淘宝，渐渐地，淘宝不可避免地在这场博弈中强化了话语权，越来越渴望加强对电商物流的主导权，以及对第三方物流合作伙伴的控制权。

早在菜鸟网络科技有限公司（简称“菜鸟”）之前，阿里巴巴集团就已经在电商物流领域做过多种尝试。比如，在2010年年初入股星晨急便等快递企业。2011年年初，又正式推出物流宝，通过接入第三方快递、仓储信息，为卖家提供入库、发货、上门揽件等方面的信息调配服务。

在阿里巴巴集团内部，定位于数据化分析、追踪的物流宝的代号是“天网”，而后来成立的涉足实体仓储投资的菜鸟则是“地网”。

2013年5月28日，阿里巴巴集团、银泰集团联合复星集团、富春控股集团、顺丰集团、“三通一达”等合作各方共同组建菜鸟。该公司股权结构为：天猫投资21.5亿元，占股43%；银泰集团通过北京国俊投资有限公司投资16亿元，占股32%；富春控股集团通过富春物流有限公司投资5亿元，占股10%；复星集团通过上海星泓投资控股有限公司投资5亿元，占股10%；圆通、顺丰、申通、韵达、中通各出资5000万元，各占股1%。

菜鸟成立当日，马云强调："阿里巴巴集团永远不做快递，菜鸟的'智能骨干网'建起来后，不会抢快递公司的生意，因为我们没有这个能力，中国有很多快递公司做快递做得比我们好，但这张网可能会影响所有快递公司今天的商业模式。"

"我们对物流、对快递、对传统仓储根本不懂。"阿里巴巴集团副总裁李俊凌也表示，阿里巴巴的真正专长是互联网，"就是把大量在互联网之前原本各自独立的信息联通起来，在这个过程中那些更敢于否定自己以前成功的人，会比阿里巴巴更早找到商机。"

阿里巴巴反复强调的重点是——不做自建物流。它的核心目标是为电子商务企业、物流公司、仓储企业、第三方物流服务商等各类企业提供平台服务，而不是自建物流或者成为物流公司。目的显然是宽慰物流快递行业的合作伙伴，以免他们担心阿里巴巴会侵入他们的核心领地。

"菜鸟作为平台，不会买一辆货车，也不会雇用一个快递员，我们只做平台。"于2015年出任菜鸟总裁的童文红也表示，此次投资目的是推动整个快递行业的服务升级。"今天的物流不是资源问题，而是没有聚合的订单。我们要做的就是把订单聚合起来，让社会化的服务来支持这些订单。"童文红说。

可见，阿里巴巴组建菜鸟的初衷是希望打造出中国的智能物流骨干网，在物流的基础上搭建一套开放、共享、社会化的基础设施平台，通过自建、共建、合作、改造等多种模式，在全中国范围内形成开放的社会化仓储设施网络。

国家邮政局在《2014年快递市场监管报告》中指出，2014年我国快递业务量达139.6亿件，同比增长51.9%，首次超过美国，成为全球第一快递大国。日均快递处理量3825万件，最高日处理量突破1亿件，人均快件使用量为10.2件。

日益增长的快递包裹量，也需要一个开放、共享、社会化的基础设施平台，于是菜鸟应运而生。菜鸟成立之初，在平台支持下，各快递企业的包裹处理能力也获得大幅提升。

在最初两年内，参与共创菜鸟的快递公司，持合作支持态度的居多，就连一贯特立独行的王卫都同意加入菜鸟，因为这是一个能够产生巨大价值的平台，且强调开放、合作、共享。

不承想，仅仅两年之后，菜鸟就开始向物流行业的合作伙伴露出强硬的一面。

4. 顺丰牵头打造丰巢，对抗菜鸟

同成立时的轰轰烈烈形成鲜明对比的是，在一年多的时间内，新成立的菜鸟鲜有动作发生，仅有的几次也是看上去同物流网络不太相干的拿地举动，让外界看不清菜鸟的用意。当时商务部电子商务和信息化司巡视员聂林海曾公开批评菜鸟：“菜鸟到处建物流基地建仓储，因为经不住诱惑，地方政府太重视电子商务，给它非常便宜的地。”在聂林海看来，菜鸟“走歪了”。

当时，菜鸟内部对于接下来要做什么没有清晰的定位，意见不一导致很多初创高管出走。传统物流快递行业的合作伙伴同有着鲜明互联网特质的阿里巴巴高管，磨合起来非常困难，童文红也指出：“一拨来自互联网团队的人，他们说我们是平台，平台从来不卖货，怎么可以自己做物流呢？那一帮从传统物流供应链来的人就觉得，弄个数据链接太虚，怎么能做好控制？虽然说大家都认为我们是一个协同团队，但对打法和路径，大家看法并不一致。”

直到2014年年底，菜鸟运营团队经过激烈争执才对接下来做什么达成一致意见，即做合作伙伴想做而做不了的——拿地建仓，但不做运营；做物流技术支持，但不做直接配送。打造五大体系——快递网络、仓配网络、跨境网络、农村网络和末端网络，最终实现这五张网络的互联互通。

方向确定后，整个2015年菜鸟都处于高速运转之中。团队从500人激增到2000人，将马云给出的5000人的人数指标用掉近一半；同时，搬离阿里巴巴西溪园区，自立门户。五大网络的雏形也在这一年显现出来。

童文红指出："这张网络不属于菜鸟，属于谁不重要。"但事实上，阿里巴巴对菜鸟的主导权与日俱增。

2015年5月28日，即菜鸟成立两周年之际，包括"四通一达"、邮政等快递企业在内的500多家合作商齐聚杭州，参加由菜鸟主办的第一届快递江湖大会。

在这个合作伙伴大会上，童文红首次向外界解释了三大问题：菜鸟"是什么"？菜鸟"做什么"？菜鸟"能为合作伙伴带来什么"？

童文红进一步表示，从2015年开始，菜鸟将会转变以往平台的完全包容与开放姿态，开始制定"规则"，以推动产品分层与服务分层，运用评价体系推动快递行业的服务质量提升。

早在该计划披露前，菜鸟一名高层就指出，菜鸟打算用资本敦促快递企业改变，引导快递行业变局。

"菜鸟的初衷是建成沟通机制，但现在变身规则制定者的意图越发强烈。"与会的不少快递公司负责人都向媒体记者表达了被阿里系控制的担忧。

天天快递董事长奚春阳随后在公司内部动员令中透露了菜鸟这一计划的内情，即把各大快递企业分成"金牌、银牌、铜牌、标准"四大等级，并根据等级配比相应的项目支持与品牌合作。

四大等级是通过运营指标的分值来分类的，其评价内容包括市场占有率、1日3日7日妥投率、当日派件成功率、快递员评价、物流详情完整率、及时率、准确率、投诉率等。

在奚春阳看来，虽然快递行业的前景看好，但由菜鸟主导的这种行业变局非常危险。与会的很多快递公司高管都对菜鸟所表现出的野心表示震惊和担忧。

童文红在接受《21世纪经济报道》记者采访时坦承：“作为定位于开放平台的菜鸟，此前曾很犹豫是否应该打破目前的平衡，制定规则与门槛，但消费者的物流体验要求菜鸟必须提升平台的服务质量，以跑赢这场竞争。”

不过，在其他快递公司看来，童文红的计划俨然是想借此来确定自己的江湖盟主地位，试图成为当下群龙无首的快递行业的龙头老大。

快递公司的担忧很快变成了事实。2016年3月，菜鸟联盟建立，菜鸟从起初的合作者变为主导者和规则制定者：加入菜鸟联盟的物流公司需要依据菜鸟制定的服务标准，推出当日达、次日达、定日配送、夜间配送、送货入户、开箱验货、上门取退等。

菜鸟成了真正意义上的江湖盟主，但是有人并不买账。

选择同菜鸟抗衡的是王卫，在顺丰创立后的20余年间，顺丰是国内少有的品牌形象和口碑俱佳的服务类公司，有着竞争对手无可比拟的江湖地位，有两句民间传言足以描述它的地位：一句是“快递分两种，顺丰和其他”；另一句是“顺丰出错的概率，是其他快递不出错的概率”。当王卫同意顺丰加入菜鸟的时候，是以合伙人的身份加入的，但是进入后发现自己实际上并没有话语权，很多事情被牵着走。

正是由于对马云和菜鸟的“狼子野心”看得比较透，王卫和顺丰直接缺席了第一届快递江湖大会。

2016年6月，为了与菜鸟物流和菜鸟联盟对抗，顺丰联合申通、中通、韵达、普洛斯发布公告，共同投资创建丰巢系统。因为申通、中通、韵达同时也是菜鸟物流的成员，所以此举被解读为王卫“拉山头”“挖墙脚”。作为回应，天猫很快取消了商家端的“顺丰包邮”服务，双方一时间势同水火。

5. 丰巢、菜鸟正面对垒

在顺丰牵头打造的丰巢科技中，“四通一达”中原本加入菜鸟的申通、中通和韵达也参与进来。“没有永远的朋友，只有永远的利益”，申通、中通和韵达之所以加入顺丰的丰巢阵营，原因不外乎两方面。

一方面，不甘心被菜鸟控制。前文已经提及了菜鸟的野心和对平台中快递公司的控制欲，京东CEO刘强东后来在CCTV-2《对话》节目中很直白地道出了通达系和菜鸟貌合神离的根本原因：“菜鸟本质上是在几个快递公司上搭建数据系统，几家快递公司的大部分利润都会被菜鸟物流吸走。快递公司也知道这一点，只是现在已经没有能力离开了，不听它的，你被它踢出去，包裹量可能50%就没有了。”

另一方面，通达系内部出现分化。“四通一达”有着深厚的渊源关系，且都严重依赖淘宝的电商件，尽管彼此之间互有竞争，但关系仍相对亲密。通达系内部出现分化的导火索是阿里巴巴入股圆通。早在菜鸟成立之前，阿里巴巴集团旗下的基金就已经入股圆通速递，持20%股份，成为战略合作伙伴。此举引起了其他通达系快递大佬的不满，尽管时任菜鸟CEO童文红与副总裁王文彬一再解释，各方仍心生罅隙，通达系分裂变成了定局，“两通一达”向此前竞争对手顺丰靠拢，便是不满的表现和行动。

按照规划，丰巢初期投资5亿元，尽管由顺丰发起，但是丰巢并不为任何一家快递公司所拥有，其股权结构为：顺丰持股35%，申通、中通、韵达各占20%，普洛斯占5%。丰巢将作为社会化的物流资源，以平台的身份面向所有快递企业、电商商家、社区化服务商业体开放，各快递公司也不直接参与丰巢的管理。

丰巢的业务模式为：由丰巢科技与合作伙伴共同投资建设丰巢快递柜，它是物业公司、社区业主及快递公司、行业用户、电商企业共同打造的智能快递管理终端。用户通过短信密码、二维码在丰巢快递柜取件，系统还可提供寄件功能。未来，丰巢还可进一步拓展广告、快递业务分成和电商使用佣金等业务来实现盈利。

丰巢出现的意义在于能够极大地提升快递员的工作效率。过去，快递员需要上门派送快件，每单大概耗时7分钟，而借助丰巢快递柜，每单派送时间将大幅降至3分钟，这意味着快递员和快递公司的派送效率和末端业务处理效率将成倍提升。

丰巢快递柜的出现，直接冲击了菜鸟驿站。

在2015年5月28日召开的第一届快递江湖大会上，童文红首次对外解读菜鸟的五大战略：快递、仓配、跨境、农村和驿站，称菜鸟定位是“社会化物流协同、以数据为驱动力的平台”。

作为菜鸟五大战略方向之一的菜鸟驿站，同丰巢快递柜一样，都是用来提升快递终端配送效率的固定站点。

为了对抗丰巢，菜鸟于2015年6月10日宣布，百世和圆通（未加入丰巢系统）将率先加入菜鸟驿站，向社会开放其末端代办点为公共自提点，为电商用户提供包裹代收服务。首批上线试点城市主要集中在上海、广东、浙江、江苏、青岛、济南等地，预计三方合作站点2015年年底将达到10000家，届时可覆盖全国各主要城市。

当下快递行业竞争格局微妙，各家快递公司进行的合纵连横也都有各自的算盘。参与丰巢的一家快递公司高管则称："这种联盟也只是暂时的合盟，目的是撬动其间微妙的关系。"

阿里巴巴方面称顺丰更像是自己的竞争对手而非合作伙伴，顺丰某高管则表示当前顺丰仍然同菜鸟有着深入的合作，只是双方在终端市场解决方案上采取了不同的策略而已。

事实上，顺丰近年来经过快速扩张，已经打造了一个完整的产业链和闭环系统，且不断进行电商尝试，同阿里巴巴形成直接竞争之势，而且顺丰在电商、快递、仓储、供应链管理和金融等领域都介入甚深，已经形成了自己的闭环。此外，顺丰长期中高端定位所积累的中高端用户数据，也是通达系所不具备的核心资源，这些用户数据资源也是阿里巴巴渴望而得不到的。

总体来说，在成立之初，丰巢和菜鸟虽然有正面竞争，但还未到剑拔弩张、擦枪走火的地步。

6. 擦枪走火，巨头纷纷站队

顺丰和菜鸟的正面冲突还是爆发了！

2017年6月1日凌晨，顺丰单方面宣布关闭对菜鸟的数据接口，当天中午，顺丰停止给所有淘宝平台上的包裹回传物流信息。

6月1日下午，菜鸟发布官方声明，向商家发出紧急倡议，称顺丰的单方面行为“导致了部分商家和消费者的信息混乱，可能会造成商家和消费者的重大损失”，建议商家暂停使用顺丰快递，改用其他快递进行发货。原因在于顺丰已经单方面暂停了菜鸟的数据接口，淘宝网暂时无法显示顺丰的物流数据。

菜鸟还表示，在2017年5月31日晚上6时，接到顺丰发来的数据接口暂停信息。6月1日凌晨，顺丰关闭了自提柜的数据信息回传，作为回应，菜鸟暂停了对丰巢快递柜的电话数据端口。

顺丰则表示，之所以单方面关闭数据接口，是由于此前菜鸟以信息安全为由，对顺丰进行了针对性的封杀。当天傍晚，顺丰再次发布官方声明，称菜鸟已经将顺丰单方面踢出系统，用户如果需要查询快递订单，可以在顺丰官方App等平台查询。而且，此前菜鸟曾要求顺丰提供与其无关的客户隐私数据，顺丰予以拒绝，同时，顺丰还呼吁广大快递同仁对数据安全给予足够的重视。顺丰指出：“在2017年5月，菜鸟从自身商业利益出发，要求丰巢提供与其无关的客户隐私数据。此类信息隶属于客户，丰巢本着‘客户第一’的原则，拒绝这一不合理要求。菜鸟随后单方面于2017年6月1日0时切断丰巢信息接口。”

丰巢信息端口的断连实际上也是整场“战争”的导火索，这一端口断连仅半天，战火已从丰巢与菜鸟波及顺丰与整个淘宝平台。

此次冲突，还牵涉到了腾讯。

此前顺丰的云服务一直由腾讯云提供，而菜鸟一直希望顺丰将数据由腾讯云切换至阿里云，顺丰予以拒绝。6月1日晚间，腾讯云发布微博称，腾讯云助力顺丰布局云端，无论多么重视顺丰的数据与业务安全都不为过。同时，腾讯云表示赞同“开放的云计算”理念，将全力保障数据安全，更将保障客户业务安全。腾讯此举显然是在发声支持顺丰。

6月2日，王卫和顺丰的朋友圈开始发力，京东CEO刘强东称：“我相信顺丰的品质、王卫的为人！现在公民发送的所有私人快递信息，不管是不是该平台的都被拿走！公民的隐私信息谁来保护？”紧接着，为表示对顺丰的支持，刘强东表示将进一步加强同顺丰的合作，京东物流系统将全面介入丰巢自提柜，年内将覆盖国内30余个大城市。

网易董事局主席兼CEO丁磊也公开表态支持顺丰：“顺丰是我个人非常尊重的企业，网易旗下的电商平台网易严选，就是在和顺丰进行物流合作。”

阿里巴巴的盟友也站了出来，苏宁在官方微博上表示：“我们相信菜鸟和顺丰有胸怀和能力达成共识，一起期待共享、共赢、安全的行业未来。”

苏宁快递、圆通速递等发表微博声援菜鸟，是因为阿里巴巴是苏宁云商、圆通的大股东。而京东、网易以及美团之所以站台顺丰，是因为它们在电商领域和其他领域同阿里巴巴存在直接的竞争关系，敌人的敌人就是朋友。

尽管波及面越来越广，但双方的直接冲突并没有持续太久。2017年6月1日晚间，国家邮政局在官网上发布的公告《关于近期快递服务消费的提示》表示，受今日（6月1日）菜鸟与顺丰速运关闭互通数据接口影响，出现少量快件信息查询不畅的情况。国家邮政局对此事高度重视，已与当事双方高层进行沟通，强调要讲政治、顾大局，寻求解决问题的最大公约数，切实维护市场秩序和消费者合法权益，决不能因企业间的纠纷产生严重的社会影响和负面效应。

2017年6月2日晚，国家邮政局又召集菜鸟和顺丰速运的高层进京，针对双方关闭互通数据接口问题进行协调。经过协商，顺丰和菜鸟双方同意从6月3日12时起，全面恢复业务合作和数据传输。

在国家邮政局的协调下，顺丰与菜鸟的争端火速平息。6月4日晚，顺丰发布公告称，在国家邮政局的及时协调下，顺丰本着顾全大局、维护市场秩序和消费者合法权益的原则，已与各方达成共识，并同意从6月3日午间起，全面恢复业务合作和数据传输，有关事件已得到妥善解决。

7. 王卫眼中的时效件和电商件

2021年4月9日，顺丰在深圳市南山区科技南一路创智天地大厦B座2楼举行了投资者交流活动，参与的120余名顺丰的投资者来自淡水泉、交银施罗德、朱雀、富国、嘉实、兴全、景顺长城、大成、润晖、银华、工银瑞信、博时等众多基金公司，也包括一些个人股东。王卫等一众顺丰高管负责接待。

投资交流会上，王卫针对投资者的提问，对时效件和电商件的定位问题做出了详细解答。

问

未来2～3年行业处于客户分群、产品分层的阶段，时效件在第一季度体现出一些压力。另外，在丰网特惠件的布局方面，您认为公司未来应如何提高自己的竞争力呢?

答

第一，时效件。

顺丰B2B商务件（工商业快递）是主要收入和利润来源，随着科技的进步、电子化的普及，包括邮寄发票的需求消失，工商业受到一定的挑战。我们在供应链的环节中创造一些时效性的分段产品，变被动为主动，维持公司时效件的优势。具体如下：

一是继续深耕B端，深挖工商业部分需求。公司接下来创造的时效产品，能够提升产品时效，从经营角度来看，可以给客户创造更大的价值。

二是运用数据把供应链环节中的具体场景体现出来。公司不做传统的供应链，而是运用科技和快递网络做一个全新的供应链，用技术打通这些环节后，产品的复制裂变性才快，又可以把顺丰很多的资源运用起来，如鄂州机场、飞机和明显优势的运力资源，通过技术和数据深入各行各业，把很多通用的场景提炼出来，和我们原来快递的网络做到无缝对接。内部有个项目叫作“乐高”，让客户在看板上用乐高的模式去进行组合。

第二，电商件。

一是产品系列资源共享，满足客户不同需求。在电商件这块，目前公司更侧重于做电商标快，腰部客户要么升级到电商标快，要么下沉到更优性价比更便宜的丰网产品。丰网对客户有不同的交付标准，顺丰很多资源丰网可以用，但丰网定位是性价比高，服务有一定的保障，和电商标快之间有明显的定位差异。

二是丰富产品层次，获取完整数据，更好地服务于 B 端。做电商件关键是能够打通数据，因为有数据后，公司才能更好地服务于品牌商家。公司增值应该在于整个组合的价值，而不在于物流的价值，公司愿景是做数据科技服务公司，物流只是手段和服务工具。

问

电商业务是否会拖累公司的其他业务？公司进入电商件市场后，在资本开支比较大的情况下，是否会对顺丰产生更大的压力？

答

我们是用剩余资源来做电商件。

①中转场。公司是用边际成本去孵化电商业务，目前顺丰的运

营资源仍有空间。例如中转场的运作时间，我们现在一天的中转时间是14～16小时，还剩下8～10小时可以用。

②运力。四网融通之后，班车的班次和流向更多，给到新业务使用的成本也是最佳性价比。

③产品规划。首先，顺丰的战略是围绕B端，因为我们的整个优势出自B端，我们会在工商件中继续做透B端。其次，未来我们将提高服务性价比，提升产品竞争力。最后，产品组合方面，以方案和技术作为裂变，走差异化的路线，按照高标准将我们所有的产品串联起来销售，而不是卖单一的产品。

④公司不会一味地烧钱来做新业务，但如果短期的利润承压能换来长期的竞争力，有机会将顺丰打造成为市场上不可或缺的选择，那我愿意调低未来1～2年的利润率预期，这是重要的战略。

⑤很多投资者问公司第一季度亏了，第二季度还会不会亏，我的回应是第二季度肯定不会再亏，但全年利润还不能回到去年同期水平。因为未来我们要继续战斗，未来3年还有很多目标要一起实现，到时候公司的股价不应以物流公司的估值体系来看，这是对所有投资者最好的交代。

第四章

试水电商：屡战屡败，屡败屡战

目前的物流业在高速成长而又细分的关键时期。

现金流、信息流和物流将是每个企业都想走的方向，

顺丰在物流业做大之后，

还将在电子商务和金融业务上开疆辟土。

—— 王卫

1. 初试电商：上线“顺丰E商圈”

2009年11月，我国北方多省遭遇极端暴风雪天气，导致交通受阻、大量淘宝快件积压，由于货物无法及时送达，针对快递公司的投诉接踵而至。无奈之下，申通快递宣布暂停接收淘宝订单。这一度被外界解读为申通对淘宝的封杀，申通快递对此进行了澄清。

这场大雪也成了快递行业集体涨价的导火索。2009年11月21日，韵达快递率先在官网上发表了一份《告客户书》，宣布涨价。申通迅速跟紧，于11月23日下午发布了紧急调价通知。很快，圆通也发布了《圆通速递快件价格调整敬告客户书》，宣布从11月24日起对快递价格进行调整。中通也趁机发布了类似涨价声明。

“三通一达”的涨价幅度为20%～40%。其中，圆通江浙沪快递一律8元起步，航空快件价格（跨区域）首重在原有基础上增加2元，续重增加2元/公斤；汽运快件（区域内）首重在原有基础上增加2元，续重增加1.5元/公斤。韵达近距离快件首重在原有基础上增加1元，续重增加0.5元/公斤；远距离快件首重在原有基础上增加2元，续重增加1元～1.5元/公斤。中通快递在江浙沪一律首重6元，外围首重12～20元。

由于“三通一达”承揽的主要是淘宝件，涨价风波引起了淘宝商家的恐慌，同时，也让淘宝意识到了平台对快递公司的依赖性，从那之后，才有了我们前文提及的阿里巴巴在快递物流行业的布局与投资，以摆脱对快递公司的过度依赖，增强产业链话语权。作为反制，快递公司也开始尝试涉足电商，以摆脱对淘宝电商件的过度依赖。

早在2008年，圆通快递就开始了电商尝试，搭建了一个用来销售农产品的网站“新农网”，但是产品并不多；申通快递则筹建了“久久票务网”专售火车票；北京宅急送则和北京老字号稻香村合作建立了一个网站，用来销售月饼，异地消费者可以直接在网上下单，订购月饼。

相对其他同行，顺丰对电商的渴望更为强烈，王卫一直有一个电商梦。顺丰在民营快递领域是带头大哥，但面对电商平台，快递行业始终处于下游，业务的突破始终受到电商网站的掣肘。

更让王卫耿耿于怀的是，相对于通达系背靠淘宝，京东物流背靠京东，苏宁物流背后有苏宁易购，品骏快递则依托唯品会，顺丰没有任何电商靠山。王卫深知，如果没有电商的配合，顺丰当下的成绩不过是空中楼阁，而这一症结的根本解决之道，就是直接进军电商领域。

顺丰对于电商和零售的探索，也是始于2009年。

2009年端午节，顺丰浙江嘉兴分部的快递员借助端午节契机，成功卖出了100多万元的五芳斋粽子，这一意外收获，给了顺丰很大的进军电商的信心。

经过周密筹备，2010年，顺丰正式推出电商平台“顺丰E商圈”，上线之初主要出售商务礼品、母婴用品、茶叶、数码产品等，但是进展并不顺利，很快便被搁置。

2011年年底，顺丰通过CEO王卫控股公司深圳市泰海网络科技服务有限公司获得了第三方支付牌照（发证日期为2011年12月22日，有效期至2016年12月21日），并推出顺丰自己的支付产品“顺丰宝”。

2012年3月，顺丰再次推出新的高端电商平台“尊礼会”，主要向中高端商务人士提供专业礼品服务，采用严格的会员邀请制。

“尊礼会”的定位是专业礼品服务，旨在依托顺丰覆盖全国的物流配送体系，为商务人士提供送礼服务。合作的商家有红岁、派克、苹果、高仕、亨利屋、iittala、nambe等，商品主要集中于工艺摆件、保健品、茶烟酒、非物质文化遗产等高端礼品，且保证所售商品100%为正品。“尊礼会”还推出礼券、短信等便捷的送礼方式及短信转赠、积分兑换等服务，为会员提供快捷的送礼体验。

“尊礼会”用户除了可以使用网银和网站积分两种支付方式外，还可以通过“顺丰宝”进行支付，此前的“顺丰E商圈”网上商城的配套支付工具也是“顺丰宝”。

某顺丰内部人士指出，顺丰为做电子商务已经酝酿了很长时间，并从其他电商平台招募了一批专业人员组成团队负责运营，“肯定不是试试看，顺丰做电子商务是志在必得，否则也不会专门花力气研发‘顺丰宝’”。

王卫对电商的期望也很高，他在一次采访中表示：“目前的物流业在高速成长而又细分的关键时期。现金流、信息流和物流将是每个企业都想走的方向，顺丰在物流业做大之后，还将在电子商务和金融业务上开疆辟土。”

2. 推出社区生鲜品牌“顺丰优选”

2010年，顺丰正式推出自己的电商平台“顺丰E商圈”，不久顺丰开启了自己的支付平台“顺丰宝”，不过电商和支付平台的尝试并不顺利，最终不了了之。

事后，有人就此私下询问过王卫：为何将刚上线的电商平台关掉？王卫的考虑是：首先，顺丰已经有足够的业务去扩展。其次，电商平台和电商物流的业务大多比较低端，需要借助价格战才能取胜，同顺丰一直奉行的中高端定位不符。

言外之意，“顺丰E商圈”并不符合顺丰的中高端定位。

王卫曾私下和时任中国快递协会副会长达瓦讨论打造更高端定位的优选电商平台事宜。达瓦称：“他（王卫）问我行不行，我说未尝不可，只要你的网络可以做，可以向产业链的上下游延伸。电商和快递有融合的方面。无论是快递还是电商，都能看到自己临近的延长线挣钱。”

2012年，顺丰调整业务方向，再战电商，推出对冷链技术要求比较高的定位中高端的生鲜食品电商平台“顺丰优选”。这是一个以全球优质安全美食为主的网购商城，覆盖母婴食品、营养保健品、粮油副食、酒水饮料、冲调茶饮、休闲零食、饼干点心、生鲜食品、特色时令产品等，致力于为中高端消费者提供全方位的一站式生鲜美食服务。

王卫对“顺丰优选”的期望颇高，在该平台上线前，他就特地从深圳飞到北京同相关高管开会，再三强调“‘顺丰优选’是不能失败的项目”。

听王卫谈过“顺丰优选”的人都坚信这次不会再像“顺丰E商圈”那样只是一个简单的尝试，草草结束。

“顺丰优选”首任CEO刘淼表示：“顺丰做电子商务是有初衷的，‘顺丰优选’，并不是迫于上游下游的挤压，也不是反弹，而是希望做一个能够销售健康安全的进口食品的网络平台。”

不少业内人士也看好顺丰的这一尝试，“顺丰优选”的中高端定位符合顺丰历来的品牌定位和品牌形象，国内中高端电子商务市场的竞争相对较小，但市场空间并不小，且该部分消费者对价格的敏感度较低，能够为顺丰带来较高的品牌附加值。

王卫并没有选择在顺丰的平台上做电商，而是进行了拆分。之前宅急送之所以转型失败，是因为曾在一个平台上运作不同的多元化产品，而顺丰进行拆分运作，就不会对主业产生负面影响。对顺丰而言，快递是主业，“顺丰优选”只是一个子品牌，优势则在于初期利用顺丰的品牌优势去拓展优选的市场，即使优选的品牌失败也不会对快递主业产生影响。

顺丰方面为“顺丰优选”的上线做了充分的准备。从市场切入角度看，顺丰为了配合“顺丰优选”的发展，充分考虑了电商的特殊性，为“顺丰优选”配备了专用的物流仓库和设备。

从产品定位看，“顺丰优选”的商业逻辑也能讲得通。从中高端进口食品切入，当时中国的进口食品正在呈高速增长之势，且食品安全问题日益严重，国外超市经常出现奶粉被中国顾客扫光的情景，也能证实这一结论。于是，王卫决定从中高端生鲜食品入手。

遗憾的是，“顺丰优选”的进展也并不顺利。由于“顺丰优选”的系统同顺丰的系统是互相独立的，“顺丰优选”前期的运营需要大量烧钱。根据计划，“顺丰优选”北京业务开通之后，要迅速在上海、广州进行复制，但“顺丰优选”上线几个月后，并没有取得预期的成绩。时任“顺丰优选”CEO刘淼表示：“多少有些受挫，我以为凭借顺丰的品牌，优选上线的成绩至少不是现在的样子，现在看整个投入是要有一定的控制和节奏的。”

顺丰并没有给刘淼太多的时间和耐心，“顺丰优选”上线仅5个月后，CEO刘淼即宣告离职，几乎创下国内电商圈换帅的最快纪录。而低调的顺丰并没有对此次“顺丰优选”岗位调整给出任何公开信息，关于刘淼离职的原因，众说纷纭。有人猜测或许是因为业绩不佳离职。这一猜测可能并不准确，电商网站的成功，需要大量的人力物力投入和时间，并非一朝一夕之功，上线仅仅5个月就要求理想的业绩，显然有些不合常理。

可以肯定的是，顺丰的电商战略在实际执行中遇到了较大的障碍和问题。

在后续的发展中，“顺丰优选”一度取得不错的业绩，比如在2014年“双11”活动中，单日销售额曾达到7000万元。不过，它始终没能成为一个吸引客户高频消费的主流电商平台。

从管理层的频繁变动（“顺丰优选”成立6年曾7次易帅）也可以看出王卫对“顺丰优选”战略定位的飘忽不定及缺乏耐心。2015年，时任“顺丰优选”CEO的崔晓琦在参加某论坛时公开表示：“生鲜电商实在难做，做生鲜，有亲爹也难。”

有业内人士甚至称：“‘顺丰优选’业务的失败足够写入商业教科书。”

3. 遭到前所未有质疑的“嘿客”

2014年5月18日，顺丰尝试新零售的“嘿客”社区便利店正式启动，首批共开店518家，宣告顺丰开始大举杀入当时国内正火的O2O（从线上到线下）市场。王卫踌躇满志，声称未来要在全国开设3000家门店。

“嘿客”的推出，从战略定位角度解读，是王卫为解决快递行业“最后一公里”难题而搭建的社区终端收派件、新零售网店。它的战略目标也非常清晰，即抢占社区入口，利用顺丰的整体物流优势，化解“最后一公里”的物流难题，打造一张“空网、地网、仓网、店网”四网合一的平台级商业服务网络。

顺丰表示，“嘿客”很多功能是基于其快速物流的优势，如顾客不用支付货款即可向商家预约，待商品到店进行体验后再行购买，无论购买与否，配送均由顺丰承担。它设定的消费场景逻辑是：顾客路过顺丰“嘿客”门店，既可以收发快递、包裹，顺便缴纳水电燃气费，也可以在店内的大屏幕上挑选需要的商品，线上下单支付，等待配送提货。

除可以提供快递物流业务、虚拟购物外，“嘿客”便利店还具备ATM（自助取款机）、冷链物流、团购预售、试衣间、洗衣、家电维修等多项业务。顺丰“嘿客”店内有相关商品海报，还有二维码墙，顾客可以通过手机扫码、店内下单购买，模式与英国最大的O2O电商Argos非常相似。和Argos不同的是，“嘿客”除试穿试用的样品外，店内不设库存。

“嘿客”发展迅猛，短时间内就在全国开店2000多家，但快速扩张后，一些致命的问题也随之凸显。尽管宣称为新零售门店，但“嘿客”更像是快递揽收点，店内商品无法直接购买，只做展示用途，顾客需要借助店内终端设备下单才可购买，然后走一遍电商的快递流程，才能收到货。该模式引起了前所未有的质疑和诟病。

有人称“嘿客”为反趋势、反体验、缺乏竞争优势的“三不像”。

首先，不像电商。“嘿客”店内的商品图片展示，不如大型电商网站齐全、详细，相对于电商巨头也不具备价格优势。

其次，不像线下大型商超。“嘿客”店面较小，展示商品有限，无法带给顾客线下大店的体验感，顾客使用店内设备浏览商品也颇为不便。

最后，不像便利店。由于店内商品只做展示，无法立即购买，也没有便利店的即时性。便利店的优势是即时购买，买完即走，这种便利体验是任何当日达、次日达配送服务都无法比拟的。因此，很多顾客不理解“嘿客”店内的怪异风格——只能看不能买的模式，搞不懂葫芦里卖的什么药。

在快递咨询人士龚福照看来，王卫对于趋势看得很准，但“嘿客”的名称、形象设计、服务体验跟市场严重脱节，顾客光听名字并不知道“嘿客”是什么，进去之后只有图片，也不能直接购买，离顾客实际需要的场景相差较远。

2016年11月，推出仅两年多的“嘿客”就被王卫放弃，进行改名、重装、大调整，同线上的“顺丰优选”合体，实现线上、线下的一体化。

有顺丰内部人士称：“全国范围内的顺丰‘嘿客’店都在逐步改成‘顺丰优选’，目前暂没有全部改造完成的时间表，新店铺仍会以生鲜商品为主，除了现有实体店统一更名外，顺丰新开的线下门店也会直接使用‘顺丰优选’这个名字。”

“‘嘿客’失败最主要的原因还是在用快递思维做商业，”中国物流学会特约研究员杨达卿说，“顺丰不理解社区经济，社区经济最大的优势就是方便、快捷，体验感强，但‘嘿客’恰恰相反。”

在春晓资本合伙人何文看来：“‘嘿客’当年的这一做法完全违背了社区零售的本质，即效率、体验和成本。对于线下店来说，最重要的就是体验，‘嘿客’没有任何一件可以购买和体验的实体商品，不符合社区零售规律。”

4. 跨境电商平台：“丰趣海淘”

随着电子商务的发展以及大众消费能力的提升，海淘逐渐成为一种新的网络购物渠道，海外较丰富的商品类别、较有保障的商品品质以及相对低廉的商品价格，都是吸引国内用户将购物目标投向海外的因素。

2011年海淘还处于萌芽阶段，2013年已经疯狂增长，国家也出台了对海淘行业支持的产业政策，建立了上海自贸区，以及杭州、宁波、广州等全国多个保税、直邮进口试点口岸，上述自贸区和试点口岸入驻了大量独立海淘电商公司和平台。

2014年，顺丰也推出了自己的跨境进口零售网站——“顺丰海淘”，主要以自有采购团队加境外电商的组合，为消费者提供海外优质品牌的进口商品。旗下产品类别包括母婴用品、保健品、快消日用品、流行服饰箱包、居家生活用品，以及各种多元化的海外生活体验商品，实时提供闪电发货和团购特价优惠，主张“顺心全球购、丰富好生活”，以满足中国消费者对快速购买高品质海外商品的迫切需求，丰富其多元化购物选择。

2015年1月，顺丰投资了一家做海淘项目的创业公司，也是顺丰体系内孵化出的跨境电商项目，并同“顺丰海淘”进行了业务整合。“顺丰海淘”瞄准的是一个庞大的新兴市场，CEO任晓煜指出：

“前几年有数据说中国有3000亿元的海淘市场，对应3000万海淘用户。去年跨境电商的体量是150亿元左右，而海淘市场变成了4000亿元。这说明，海淘市场不仅没有被跨境电商收割，而且还在不断放大。”

2015年10月，“顺丰海淘”正式更名为“丰趣海淘”。一方面，淡化“顺丰”色彩，褪掉顺丰快递的物流形象，更加专注海淘，独立运营；另一方面，借助“章鱼”形象打造新品牌，用全球供应链体系链接日韩、欧美、澳新等热门市场的消费场景。

“丰趣海淘”转型后，从跨境电商转变为专注于海淘市场。

在CEO任晓煜看来，跨境电商用户和海淘用户完全是两类人：一类是“小白”用户，另一类是海淘用户。“对‘小白’用户来讲，今天买到所谓的牙膏中的‘爱马仕’，很兴奋，但对海淘用户来讲，好多年前他就在用这个东西了。他们的消费心态和对商品的关注点是完全不一样的。但海淘仍然很苦，仍然要靠转运，用户需求没有被满足，还在溢出。转型后，我们的主要目标用户群是海淘用户，而不是跨境电商的‘小白’用户。但也不排除会吸引‘小白’用户，因为尖子用户总是会带着整个用户群体往上升。这是个巨大的市场，现成的用户、现成的商品，你唯一要做的就是让购物体验更好，把这些人拉过来。所以，获取用户不难，你只要让他们知道，他们要买的那个国外网站的东西，你这儿也有。”

背靠顺丰的物流链条，称得上是“丰趣海淘”的一个竞争优势，“丰趣海淘”搭建了一个三层的物流体系。

第一层是国内保税仓。

主要屯放一些大规模采购的标品。

第二层是位于台湾及香港的近海仓。

希望在商品扩充上拥有更大的灵活性。

第三层是远海仓。

公司在韩国、日本、澳大利亚、新西兰、美国都建立了自己的仓库，想通过远海仓直接和当地供应商及零售商发生交易，缩短商品到达用户手里的时间。

“丰趣海淘”的商品来源地主要有五个：

第一，美国。

美国是培养第一批海淘族最大的市场，在“丰趣海淘”看来，美国会占30%的市场份额。

第二，以德国为主的欧洲。

集中在家居用品、高品质的生活类商品。

第三，日韩。

以日韩为主的生活家居用品和美妆用品。

第四，正在兴起的澳大利亚和新西兰。

以保健品、个别的纯天然护肤品为主。未来，澳大利亚和新西兰还有比较大的可挖掘的空间，主要集中在食品领域，尤其在一些深度的供应链的食品领域，比如生鲜、肉类、红酒，都有比较大的市场空间。

第五，东南亚国家。

集中在休闲商品以及个性化商品。

平台上美国直邮商品到手为7～9天，日淘商品3～5天。另外，在进关方式上，“丰趣海淘”基于顺丰的品牌背书，都走电子清关，清关效能比起传统的物流公司或者转运公司高了很多。

海淘是一个巨大的市场，有现成的用户、现成的商品，“丰趣海淘”要做的就是与海外商家做系统对接，建立一个巨大的商品池，再想方设法缩短商品到达中国消费者手中的距离。

2018年6月8日，顺丰旗下跨境电商平台“丰趣海淘”在重庆解放碑开了全球首家线下精选店——“WoW哇噢”。这家全球精选店占地超3000平方米，上下共4层，提供的商品均由海外专业买手团队挑选，消费者可以选好商品自主扫码付款，也可以在小程序商城选好商品付款，再从货架上自取。

“WoW哇噢”全球精选店的落成，是顺丰在跨境电商和新零售领域的又一新动作。

5. “顺丰大当家”+“丰e足食”

王卫从未停止对电商的探索，2016年、2017年顺丰相继推出新的电商应用平台——“顺丰大当家”和“丰e足食”。

（1）“顺丰大当家”

2016年6月，“顺丰大当家”低调上线。它是定位于“物流＋电商”的生鲜水果精选商业平台，依托顺丰的高品质物流资源，赋能优质的供应链。“顺丰大当家”拥有独立的App，可提供的商品包括水果、海鲜水产、肉蛋食材、干果零食、鲜花绿植等品类，并承诺所有上线商品由顺丰包邮，在售后方面提供快速理赔等服务。“顺丰大当家”上的商家多为B端商家，在商品的销售信息中都会对商家情况作出简要说明，并由商家对商品进行可提供的服务说明。

“顺丰大当家”和“顺丰优选”同为顺丰旗下的新零售商业项目，在提供商品和服务品类上有所交叉，但是其定位和运营团队有所不同。从微信公众号看，“顺丰优选”的账号主体为深圳市顺丰商业有限公司，是依托线上电商与线下门店的商业平台；而“顺丰大当家”的账号主体为深圳市顺丰丰觅科技有限公司（简称“顺丰丰觅”），是提供原产地直供商品的商品交易平台。

顺丰丰觅成立于2016年5月26日，注册资本为500万元，此外，顺丰丰觅于2016年12月获得食品经营许可证。

顺丰公开的经营数据显示，2016年，“顺丰大当家”实现销售总额达1.54亿元，平台线上用户超3亿人，日均销售额达43万元，顺丰方面称“顺丰大当家”是顺丰当前正在孵化的物流增值服务项目。

另据公开资料，在顺丰上市更名前，已于2015年将旗下的商业板块剥离出上市主体。根据顺丰在此前提交的交易数据，2013年至2015年10月，顺丰商业板块亏损分别为1.26亿元、6.14亿元、8.66亿元。如何借助既有的速运设施优势实现商业项目的盈利，也一直是王卫和顺丰探寻的方向。

王卫回答股东提问时，对顺丰未来发展定位的一句话更能凸显“顺丰大当家”的商业价值所在。王卫表示：“我们的未来，是会走到很多行业里面去，做深很多行业，而不是‘最后一公里’的仓库配送，不然的话，永远做不深一个行业。用科技的手段把这个行业进行提升，是顺丰未来要走的方向。”

（2）“丰e足食”

2017年，无人零售赛道开始火爆起来，“果小美”“猩便利”等无人零售品牌在资本加持下，在全国范围内攻城略地。

2017年年底，顺丰推出了无人零售品牌“丰e足食”，主要为办公室人群提供熟食、休闲食品、方便速食、饮料等商品。终端形式有自动贩卖机、无人货架与智能货柜。

“丰e足食”通过整合顺丰在物流、商业、金融、科技等方面的优质资源，将办公室用户10米半径以内的服务做精、做透，给企业用户带来切实的便利；致力于创立真正可行的行业模式，为企业用户提供免费货架、免费安装、免费运营服务，打造办公室能量补给站，单架超过30种热销商品（营养早餐、休闲食品、提神饮品、加班代食），解决办公室职业人士“小困、小饿”的痛点。“丰e足食”提供的品牌业务详见表4-1。

表4-1 “丰e足食”品牌业务范围

品牌业务	业务介绍
能量补给站	开放式货架+冰箱组合，旨在打造专属企业办公室的能量补给站。服务10米内距离的办公室用户，让他们不需外出即可享用休闲食品、方便速食、饮料等，旨在为用户节省时间，为企业节省人力资源成本
AI智能柜	AI智能柜面向各种半开放式的场景，如众创空间、商业中心、公共服务区等。只需扫码开门，即拿即走，无感支付。用户不需进行支付操作，体验更快速的消费模式
自动贩卖机	自动贩卖机专注于开放式场景，如产业园区、医院、学校、交通枢纽等。单个自动贩卖机提供超过25种热销商品，定期补货上新，保证大流量商品供给
企业综合福利业务	“丰e足食”企业福利服务致力于提供一站式企业综合福利解决方案，帮助企业和员工进行福利规划与设计。专属定制，展示企业风采。在赋能员工的同时，提升企业雇主品牌形象
积分商城	“丰e足食”可以为企业搭建专属的积分商城，企业可以在商城中选购由“丰e足食”提供的商品，也可以上架企业的自有商品，设置多样化的线上运营活动，满足员工线上自由选择和购买的需求
万能餐卡	“丰e足食”为企业搭建的餐卡福利系统，旨在使企业福利补助得到充分利用，促进供应商的竞争，助力食堂提升餐食和服务质量。对接各大外卖平台及线下餐厅渠道，员工既能点外卖，还能现场就餐
福利集采	“丰e足食”依托顺丰集团的大仓储、大物流、供应链能力，旨在稳定货源。供应商从一对N，转变到一对一。企业通过“丰e足食”进行福利集采，只需要对接“丰e足食”一家供应商即可。旨在解决企业在管理多供应商过程中的困境

“丰e足食”的“店主”即所属区域的顺丰快递小哥，他们在日常收派件过程中已经同辖区内的办公室群体建立了信赖关系，顺丰快递小哥通过每日上门收派件可随时掌握“丰e足食”的销售情况，也能及时倾听用户的反馈，及时改进，提升用户体验。

“丰e足食”依托顺丰在物流供应链的优势，拥有全国范围内的冷运仓、仓配仓、物资仓资源，目前的基础设施足以支撑短期内20万个点位的快速扩张。

而且，“丰e足食”为了给用户提供更加精细化的服务，还聘请了国际顶尖的供应链专家陈新教授为首席科学家，打造了基于办公室无人新零售的供应链、物流、仓储、配送以及商品管理体系。精确分析每一个点位的特征，根据用户喜好进行智能选品和补货，让用户足不出户就能在“丰e足食”获得快速、有效的能量补给。

在2019智慧零售潜力TOP100排行榜，“丰e足食”排名第55位，其服务网络已覆盖全国32个主要城市。

2022年2月8日，“丰e足食”完成了3亿元的A轮融资，该轮融资由软银亚洲风险投资公司（简称“软银亚洲”）领投，中金资本旗下中金文化消费产业股权投资基金、深圳市创新投资集团跟投。本轮融资后，顺丰关联方明德控股和软银亚洲并列为“丰e足食”第一大股东。

未来，顺丰是否能借助“丰e足食”在电商领域取得较大突破，尚待市场检验。

6. “丰溯GO” + “丰伙台”

王卫在电商创新和新零售探索的路上不断尝试。2018年之后，又相继推出创新海淘购物模式“丰溯GO”和上线社区团购应用“丰伙台”。

（1）“丰溯GO”

2018 年10月，顺丰在上线运营深圳3家“顺丰优选”店（方鼎华庭店、南海玫瑰园店、新洲花园店）的同时，上线了首个“保税+社区新零售”项目“丰溯GO”。它是顺丰国际团队针对跨境电商行业提供的区块链解决方案。

“丰溯GO”模式解决了两大行业痛点：

第一，大幅缩短了海淘用户的购物等待时间。

“丰溯GO”模式将原本位于海关特殊监管区的保税商品前置到消费者附近的社区门店，将消费者海淘购物的等待时间从3～7天大大缩短至5～10分钟，极大地提升了海淘用户的消费体验和满意度。“顺丰优选”门店会通过系统下单向深圳前海湾保税港区进行海关备案、申报，再通过顺丰速运将保税区仓库内商品取件配送到顺丰社区门店。

消费者在社区门店内即可直接挑选海外商品，可以在店内完成实名制个人海淘额度查询和登记，再使用与身份证信息一致的支付宝付款，现场等待清关流程完成就可以把海外商品带回家。清关流程只需要5～10分钟，大大缩短了海淘购物等待时间。

有用户就表示："对比以往需要等待3～10天国际物流运输的跨境电商模式，这种足不出社区，且10分钟内可以取走商品的海淘购物体验简直太棒了！"

第二，借助区块链技术实现了产品溯源，确保了品质。

频发的食品安全事故同消费者对健康生活越来越高的追求之间的矛盾愈加突出。为了解决海淘商品的品质问题，"丰溯GO"借助区块链技术搭建了全程溯源体系，对海淘商品的生产、包装、物流、仓储、报关、报检、销售等环节实现全流程监控，并将各阶段信息登记上链，从而保证产品的真实性和安全性。消费者在线下门店中，可以通过扫描商品上的溯源二维码，获得商品中文介绍信息、品牌企业信息、第三方质检报告、商品入境申报信息及全程物流信息等。

"丰溯GO"依托透明、不可窜改及可追溯的区块链技术，搭建商品供应链全程溯源体系，通过运输环节的前后延伸打通商品的供应环节，并通过多方信息监控达到提升供应链透明度及可信度的目的，解决了跨境商品身份认证的行业痛点，让海淘用户能够放心购买。

"丰溯GO"并不是顺丰跨境电商"丰趣海淘"推出的业务，而是顺丰国际团队的一个产品。

（2）"丰伙台"

2020年，社区团购大火，互联网巨头纷纷入局，抢占市场，划分领地。2020年12月22日下午，国家市场监督管理总局联合商务部组织召开规范社区团购秩序行政指导会，阿里巴巴、腾讯、京东、美团、拼多多、滴滴等6家互联网平台企业参加。

会议强调，依法加强社区团购价格行为和反不正当竞争监管，规范社区团购市场秩序，维护公平竞争市场环境，互联网平台企业要严格规范社区团购经营行为，严格遵守“九个不得”：

一是不得通过低价倾销、价格串通、哄抬价格、价格欺诈等方式滥用自主定价权。除依法降价处理鲜活商品、季节性商品、积压商品等商品外，严禁以排挤竞争对手或独占市场为目的，以低于成本的价格倾销商品。

二是不得违法达成、实施固定价格、限制商品生产或销售数量、分割市场等任何形式的垄断协议。

三是不得实施没有正当理由的掠夺性定价、拒绝交易、搭售等滥用市场支配地位行为。

四是不得违法实施经营者集中，排除、限制竞争。经营者集中达到国务院规定申报标准的，应当事先申报，未申报的一律不得实施集中。

五是不得实施商业混淆、虚假宣传、商业诋毁等不正当竞争行为，危害公平竞争市场环境。严禁编造、传播虚假信息或进行引人误解的商业宣传，损害竞争对手的商业信誉、商品声誉，欺骗、误导消费者。

六是不得利用数据优势“杀熟”，损害消费者合法权益。

七是不得利用技术手段损害竞争秩序，妨碍其他市场主体正常经营。不得利用服务协议、交易规则以及技术等手段，对平台内经营者在平台内的交易、交易价格以及与其他经营者的交易等进行不合理限制或附加不合理条件，或者向平台内经营者收取不合理费用。

八是不得非法收集、使用消费者个人信息，给消费者带来安全隐患。

九是不得销售假冒伪劣商品，危害安全放心的消费环境。

“九个不得”出台后，互联网巨头对社区团购的争夺战开始降温，这给了顺丰、连锁商超等其他企业机会。

2020年9月1日，顺丰打造的社区团购项目“丰伙台”上线，入口为微信公众号和微信小程序。“丰伙台”的运营模式同其他社区团购平台大同小异，用户确定所在社区具体位置后，系统会自动匹配相应团长，点击商品下单即可。商品涵盖生鲜、年货、酒水、百货等多个品类。

与其他平台商品自提不同的是，“丰伙台”仅提供快递到家服务，并不支持自提业务，而“丰伙台”的社区团购团长多为顺丰快递员。

顺丰介入社区团购领域的优势在于供应链与流量，但挑战依然是其令人质疑的商业运营能力。顺丰多年来积累的大闸蟹、冬捕鱼、茶叶、牛羊肉等多地特色农产品解决方案为其供应链奠定了基础。

客观来讲，顺丰推出“丰伙台”有其独到的优势，主要是供应链与流量。首先，快递末端与社区团购提货点分布的天然契合性可以降低边际成本。其次，顺丰成熟的物流供应链体系和较为高超的生鲜冷链运输技术形成了顺丰的自然优势。尤其是大闸蟹、冬捕鱼、茶叶、牛羊肉等多地特色农产品供应链让“丰伙台”更具竞争力。

有了“嘿客”的前车之鉴，顺丰这次布局社区团购低调得多。顺丰高层也非常重视“丰伙台”，该项目整合供应链、流量、门店等多方资源，有望将各个环节的优势真正打通。

“丰伙台”也有一些明显的劣势和挑战。首先，站内的SKU（最小存货单位）较少，大约只有百件，与巨头差距明显；其次，“丰伙台”上的商品大都为整箱零售，只适合批发或家庭装；最后，“丰伙台”最大的挑战依然是其一贯令人质疑的商业运营能力。令人唏嘘的是，“丰伙台”上线短短几个月，就于2021年3月24日暂停服务。对此，“丰伙台”客服回应称：系统正在迭代更新。

2021年4月11日，顺丰公布了控股业绩说明会的主要内容，其中对于社区团购业务，董事长王卫发表了一些见解：“公司的愿景是成为独立第三方行业解决方案的数据科技服务公司，而对社区团购来讲是需要商流的，我们坚决不碰商流，因为我们是独立的第三方。前段时间有人说顺丰做社区团购，这个是不对的，我们坚决不碰商流。”此外，王卫还表示：“顺丰做社区电商是做不了的，如果有电商平台一起做公司可以给予供应链支持。”

7. 顺丰的零售突围，屡战屡败

自2010年顺丰推出首个电商项目“顺丰E商圈”10余年来，顺丰几乎集齐了新零售的所有业态，包括便利店、电商、生鲜电商、跨境电商、海淘、线下大型体验店、社区团购、社区小店等（见表4-2）。

表4-2 顺丰的零售尝试

时间	产品	业务方向	发展情况
2010年	顺丰E商圈	电商	顺丰在电商和支付领域的首次尝试，已停止运营
2011年	顺丰宝	支付	
2012年	顺丰优选	生鲜、进口商品O2O平台	中高端定位，运营至今
2014年	嘿客	O2O社区店	2016年全部门店改为顺丰优选
2014年	顺丰（丰趣）海淘	跨境电商	顺丰孵化，后脱离顺丰独立运营至今
2016年	顺丰优选（线下）	生鲜、进口商品门店	吸收嘿客门店，打通线上平台
2016年	顺丰大当家	电商平台	B2B2C模式，以第三方商家为主，运营中
2017年	丰e足食	无人货架	获得软银亚洲战略投资，运营中

（续表）

时间	产品	业务方向	发展情况
2018年	WOW哇噢	丰趣海淘线下店	包括大型线下体验店等，运营中
2018年	丰溯GO	跨境商品	保税+社区新零售
2020年	丰伙台	社区团购	停止运营

顺丰为何非要死磕零售？其实有其现实需要和深层次考虑。

（1）快递企业做零售属自然延伸

顺丰的部分快递业务来自电商和零售，本就服务于零售业，关系紧密，经验丰富。再加上顺丰的资本、人力和技术储备，从逻辑上看，顺丰做零售属于自然而然的业务延伸，顺丰完全有能力玩转零售。

此外，快递企业做零售也不止顺丰一家，属行业惯例。总结来说，快递公司的零售业务主要有两种：

第一，依托快递网点或开设兼顾快递收发的便利店做社区零售。例如“中通优选”、圆通的“妈妈菁选”、百世的WOWO便利店、“顺丰优选”等。销售的产品，基本围绕社区生活的生鲜食品、生活用品等日常所需，商品体积不大，购买频次高，能够让快递公司的网点资源和人力资源得到最大化的利用。

第二，跨境电商。例如，韵达的优递爱商城、中国邮政的邮乐网、顺丰的“丰趣海淘”等。跨境电商是快递公司跨境物流能力的释放。

（2）顺丰做零售的需求更迫切

相对通达系快递公司，顺丰做零售的欲望更加强烈。我们知道，通达系背靠阿里巴巴，有海量的电商单支撑，而顺丰在电商单领域属于后来者，且电商单业务开展不顺，尤其是与菜鸟决裂之后，王卫明白，作为快递公司，面对直面消费者、手握订单的阿里巴巴和通达系，顺丰无法掌握主动权，如果不亲自做电商、做零售，把握住终端消费者，顺丰在电商单这一庞大“蛋糕”的争夺中将会陷入被动。

（3）对更高利润增值业务的尝试

王卫在内部曾对员工强调：“靠出卖劳力搬货，不是顺丰的终极宿命。”王卫何出此言？因为快递行业利润较低。据顺丰财报，2021年上半年，顺丰毛利率为10%。而电商和零售行业的毛利率则要高得多。因此，王卫不想只是靠体力劳动赚收发快递的钱，尝试同快递业务相关的、利润较高的、可持续的电商、零售等增值业务便成了一种势在必行的探索。

（4）资本市场需要新故事

2017年，顺丰借壳上市。尽管之前顺丰的零售探索并不顺利，但上市后顺丰并没有停止对新零售模式的探索步伐，因为顺丰上市后面临的竞争局面日渐复杂，而顺丰核心物流业务又增长乏力，资本市场也需要王卫不断讲出新故事。如果能将顺丰的物流快递平台同新零售融合起来，对于顺丰低迷的股价无疑将是一针强心剂。但截止到目前，除了独立发展的“丰e足食”拿到了软银亚洲的战略投资，其他的电商和零售尝试都乏善可陈。顺丰与其说是做零售，不如说是做快递业务的增值业务，王卫始终是以“配角”的思维做“主角”的生意，这种主次关系的倒置决定了顺丰做不好零售。

种种迹象表明，顺丰好像并没有做好零售的命，但王卫似乎还并不认命。

第五章

借壳上市：跻身千亿身价俱乐部

顺丰这几年为了缓解业务压力，
为了上市，有点迷失掉了信仰。
我不接受、不认可我们这几年所谓的辉煌，
因为我真正要给大家看的不是多少架飞机、
多少市场占有率、多少收入、行业里面是不是排第一，
甚至我今天的财富是多少，我觉得这件事我根本没有兴趣去看。

——王卫

1.不融资、不出售、不上市

在顺丰成立后的很长一段时间，王卫一直坚持对资本市场说“不”，称要让顺丰有尊严，坚持“三不”原则：

（1）不融资

顺丰尽管一直有稳健的现金流，但面对较大的基础设施投资、电商布局以及金融危机冲击，也有捉襟见肘的时候，但王卫却坚持不融资，对PE（私募股权投资）、VC（风险投资）机构视而不见。行业里曾有关于王卫的这样一个传闻：“有VC想给王卫融资，但王卫始终不肯出来见面，这个VC就对外开出50万元中介费价码，50万元只为和王卫吃个饭。”另外，包括美国花旗银行在内的境外资本也试图接触王卫，希望往顺丰注资，据称，如果能成功牵线投资顺丰，这些巨头将付给咨询公司1000万美元的佣金。

王卫很清楚，融资往往意味着股权的让渡，而股权融资历来是一把双刃剑。伴随股权融资，投资方获得企业的一部分股份，必然导致企业原有股东对公司的控制权被稀释，甚至有可能丧失实际控制权。

高成长性公司在发展过程中，公司创始人有可能进行多种形式、多轮次的股权融资，在引进资金的同时，创始人手中的股权也会被一再稀释，有些甚至会失去公司的控股权。对公司创始人而言，失去控股权并不可怕，可怕的是失去公司控制权。这是股权融资给创始人带来的最大风险。创始人（团队）可能无法再准确把握公司的发展方式，甚至可能会导致自己一手打造的企业垮掉。

2010年5月，“1号店”创始人于刚为了解决公司资金短缺问题，从中国平安融资8000万元，出让了“1号店”80%的股权，彻底失去了对公司的控制权。后来，平安金融整合“1号店”的进展并不顺利，又将股权转让给沃尔玛，不久后，“1号店”创始人于刚离职。

2016年，中国平安以16亿美元入股“汽车之家”，占股47.4%，成为第一大股东。中国平安掌握公司控制权后，烧的第一把火就是清洗“汽车之家”原高管层，“汽车之家”原CEO秦致和CFO钟奕祺均被撤换。作为“汽车之家”创始人的李想，更是在一年前就已经被迫离开了他花费10年精力一手打造的公司，李想离开前，手里的股份已经被稀释到只有3.4%，仅比CEO秦致的3.3%高出一点点。

在这些创始人与投资人的战争中，创始人都以黯然离场告终。

类似的例子还有很多，发展中的公司因为成长的需要，非常渴望外部资金进入，所以不惜以极高的股权成本获得融资，甚至出让控股权和公司控制权，最终导致创始人被清洗出局。造成这种结果的背后原因，一般都是公司创始成员对股权架构重视程度不够，或者太在意项目前期的发展，出让了太多股份，导致后期翻船。原本的股权融资变成了引狼入室，反受其害。

股权融资成本极高，堪称最贵的融资方式，因为企业用以交换的是最宝贵的股权。同时，由于企业选择了股权融资方式，因而也就失去了其他融资方式可能给企业带来的成长机会。

王卫坚持不融资，也是看到了股权融资的风险，以免引狼入室，失了尊严。

（2）不出售

王卫断然拒绝过宅急送的收购，也拒绝过海外巨头。2004年，传闻联邦快递希望以40亿～50亿元人民币的价格收购顺丰，这个数字是顺丰当时年销售额的近4倍，王卫也拒绝了。

2008年金融危机之后，大量快递企业因资金链条断裂而破产关门，王卫却对外声称："战死，好过做俘虏。"坚决不出售企业。

（3）不上市

作为国内民营快递领域的龙头，顺丰曾被人认为将是国内快递行业的第一家上市公司，但王卫对于上市的态度却非常冷淡，他表示："上市的好处无非是圈钱，获得发展企业所需的资金。顺丰也缺钱，但是顺丰不能为了钱而上市。上市后，企业就变成一个赚钱的机器，每天股价的变动都牵动着企业的神经，对企业管理层的管理是不利的。"

王卫希望能够通过企业产生的现金流支撑顺丰健康发展，让顺丰人有尊严地生活。他曾这样对内部员工解释顺丰为什么不上市："如果上市的话，环境将不一样了，你要为股民负责，你要保证股票不断上涨，利润将成为企业存在的唯一目的。这样，企业将变得和当今社会一样浮躁。"

坚持不融资、不出售、不上市的王卫在企业缺钱时怎么解决呢？只能向银行进行抵押贷款，但是不涉及股权和产权的出让。2004年，国内快递行业处于疯狂的扩张模式，资金也成了顺丰扩张的巨大障碍，为了解决资金问题，王卫先后9次将公司旗下的物业和商展抵押给银行，以获得贷款。2005年，面对新的资金缺口，王卫经过深思熟虑之后，更是破釜沉舟将整个公司抵押给银行，获得了420万元的银行授信。

由于坚持不融资、不出售、不上市的原则，顺丰一直都在王卫的掌控之中，是王卫“一个人的企业”，王卫不仅没有丧失股权和所有权，顺丰还获得了高速成长，到2010年，顺丰营业收入已达120亿元，仅次于中国邮政。

2. 2013：快递资本年

2013年，全国邮政业取得了32%的同比增长，其中快递业务增长量更是令人咋舌，同比增长高达60%，此前两年的增速分别为54.8%（2012年）、57%（2011年）。

快递行业市场容量基本处于每两年翻一番的高增长节奏中，快递公司欲抢占更多的市场，就需要投入大量的资源去扩充网点、增加人手、添置设备，快递公司对资金的需求是庞大的。

过去，包括通达系在内的民营快递公司，同顺丰非常相似，都是单一资本结构，无外来资本介入，主要依靠自有资本、银行贷款或私下拆解实现滚动发展。

与此同时，快递行业也迎来了跨界竞争者，国内电商企业，比如淘宝、京东商城、当当等，原本都是快递行业的客户，但也都开始组建自己的快递团队，或自建物流，或投资成立快递公司，或入股快递公司。

京东商城、凡客诚品、1号店等电商企业也都已获得了国内快递牌照，2013年，京东商城CEO刘强东曾表示，未来5年将花费100亿～200亿元投入全国物流系统。刘强东在微博上透露，在2012年年底之前，平均2.5天开通一个新的城市快递分公司，意味着年底前京东配送覆盖城市数量超过360个。刘强东的底气，源自京东的现金流和源源不断的融资。

除国内电商企业外，国际快递巨头联邦快递、UPS，以及国内物流巨头德邦和中铁快运也都已经拿到国内快递牌照，快递市场虽然庞大，但抢食者众多，如果传统民营快递公司再按照过去的节奏，以自身现金流来支持发展，很可能会被时代抛弃。

综上考虑，2013年各大快递公司纷纷改变对融资的态度，转而积极拥抱资本（见表5-1）。

表5-1　2013年快递行业融资情况

时间	融资情况
1月	快捷速递以2200万元（作价包含550万元债务）收购城市100快递；优速快递接受一私人注资1000万元，占股8%；原中通快递广东省加盟商吴传龙，以1.6亿元控股快捷速递，占股90%（另有说法是吴传龙出价2.25亿元）；原汇通快递董事长徐建荣以3000万元参股能达快递，占股15%，控制江浙沪皖区域
2月	力鼎资本、鹏康投资、凤凰资本以2亿元入股全峰快递，获得不超过50%的股份
3月	红杉资本中国基金、深圳金石资产管理有限公司出资5亿元，获得中通快递10%的股份
5月	山东区域快递元智捷诚正式加盟能达速递，助力后者完善全国性网络布局，能达速递股东增加至4个；联想增益供应链有限公司以1.3亿～1.6亿元控股全日通快递，并将其更名为增益速递

另外，菜鸟于2013年5月成立。其中，天猫注资21.5亿元，占股43%；沈国军控股的北京国俊投资有限公司注资16亿元，占股32%；上海星泓投资控股有限公司注资5亿元，占股10%；富春物流有限公司注资5亿元，占股10%；顺丰及“三通一达”5家快递公司各自注资5000万元，各占股1%。

此前，快递行业的并购案是业内动作居多，2013年开始，元禾控股、红杉资本中国基金、星泓投资、力鼎资本、鹏康投资、凤凰资本等投资机构入局快递行业。

资本选择了快递，快递也不得不选择资本，这是市场和时代的需求，逆势而动者将会被淘汰出局。

在中国快递协会前副会长达瓦看来，这是由于中国经济的发展，社会对物流尤其是快递物流的需求远远大于供应能力。资本发现投资潜力，才会蜂拥而来。“有哪个行业能在如此经济形势下保持60%的增速？”达瓦曾对媒体表示，快递行业原本就是劳动密集型产业、技术密集型产业，如今面对扩张和资本需求，将进一步升级为资本密集型产业。

在外部资本的推动下，快递行业将实现规模突破、服务力跃迁的产业发展新格局。

对未来快递行业的市场格局，达瓦也做出了大胆预测：“在资本的助推下，快递行业的聚合程度会更加紧密，会出现3～4家特大快递企业，7～8家比较大的快递企业，以及各地方几十家小型快递企业的格局。”

3. 与资本联姻，引入战略投资者

面对快递行业的融资潮，一直奉行“不融资”态度的王卫，也不得不重新定位资本的价值，而内部驱动力则是顺丰面临的越来越大的资金压力。

2012年，顺丰除了固守传统的中高端快递市场外，在电商（涵盖生鲜）、合约物流、廉价快递等领域均有动作，上述布局都需要资金支持，加之近年来快递行业的持续高速增长，王卫不得不考虑扩张事宜，也就需要更多的资金、资源作为保障。

顺丰的资金压力还表现在较高的成本和不断下滑的利润率上。截至2012年，顺丰已拥有30架全货机，5000多个营业网点，150余个一、二级中转场和1万多台营运车，员工数量高达17万多人。其中，仅人力成本就占据了顺丰运营成本的40%，而大多同行由于运作不规范，人力成本相对低得多。

顺丰在电商单领域的一系列努力，虽然增加了业务量，但由于电商单多是廉价单，总体上拉低了顺丰的利润率。

除此之外，在顺丰所制定的“十二五”战略规划中，还计划投资50亿元用于重资产布局，因此资金缺口很大。

面对越来越紧迫的资金问题，王卫终于做出了重要决定——拥抱资本，引入战略投资者。

2012年下半年，顺丰正式启动融资准备，同顺丰接洽准备投资的欧美基金和民营资本多达100多家，甚至某些海外基金表示："任顺丰开价多少，都可以接受。"顺丰私下也在同一些选定的投资商谈判。2013年8月21日，顺丰引入战略投资者的消息正式公布，元禾控股、招商局、中信资本和古玉资本联合向顺丰注资。据媒体报道，几家机构投资总额"近80亿元，总计获得不超过25%的股权"。

顺丰此次融资引起了外界热议，因为除了古玉资本外的3个投资方都有国资背景。据称，王卫在融资过程中只对国字号的PE感兴趣。王卫之所以更倾向国资背景的PE，有其现实考虑。

据《21世纪商业评论》报道，引入国字号的PE已经不是王卫第一次转换企业身份。早在2010年下半年，王卫就已经将顺丰延续了17年的外资身份变更为内资，成为一家名副其实的民营公司，王卫也获得了深圳市民身份。

顺丰身份转变的根本意愿在于政策驱动，2009年10月1日起，国内开始实施新邮政法。新邮政法明确规定，外商不得投资经营信件的国内快递业务，而这块业务在顺丰占比较大。若要继续合法经营该业务，顺丰就必须变更为内资公司，而在引入投资者时，也要将外资背景的投资商排除在外。

投资方在达成投资交易后也表示双方战略合作是着眼于长远发展，而不会改变顺丰的战略方向和管理团队的主导权。招商局方面当时曾对记者表示："通过入股，将有利于实现双方资源的良好嫁接并发挥相关业务的协同作用，从而实现共同的长远商业利益。"

不过，招商局本就是国内的物流巨头，拥有庞大的能源船队和港口资源，在公路、仓储、冷链等领域也有布局，同顺丰的业务方向高度契合。对于入股顺丰，招商局集团解释道："为适应形势发展，招商局集团制定了以供应链再造为突破口的内需战略，并据此密切关注和跟踪相关市场合作机会。"

另一投资者中信集团也正在积极布局物流行业，在其未来规划中，物流作为服务产业的一个板块，是重点布局的方向。此前，中信集团就已经涉足汽车物流、煤炭物流、金融物流等业务。

在物流行业谋取更大的发展，同顺丰强强联合，或许才是招商局集团、中信集团等投资机构入股顺丰的战略意图所在。

王卫不融资的禁忌打破，外界难免会猜想顺丰下一步的计划将是上市，但时任顺丰速运副总裁王立顺否决了这一猜测，称顺丰与其他快递巨头不一样，恰恰是因为不想赶着上市才进行的股权融资。王立顺指出："融资协议中最重要的条款之一是投资方不得要求顺丰提供上市时间表，经营和战略完全由顺丰管理团队主导，投资方不得干预。"

王立顺称顺丰短期内没有上市的打算，而且外部的投资机构是作为战略投资者进入的，与顺丰是否上市无关，投资方对顺丰也没有上市或者业绩的要求。同时王立顺也表示，顺丰经过此次战略融资后，将转型为多元化发展的重资产企业。

4.“三通一达”纷纷上市

自从快递行业大开融资门之后，不管某些公司是否承认，其实它们都已经开启了上市计划和上市征程。一方面，资本的天性是逐利，对投资者而言，投资对象实现IPO（首次公开募股）上市，是其资本增值的最佳途径。另一方面，快递行业巨头也已经发展到了不得不上市的市场节点。

（1）急需外力介入，改变竞争格局

中国快递行业经过10余年的高速发展，造就了顺丰和通达系等快递巨头，但随着市场竞争的深化，各快递公司同质化现象越来越严重，快递巨头不得不大打价格战，以价格换市场，快递行业的平均单价已从2004年的28.8元急速下降至2015年的13.4元，下跌50%之多，大幅压缩了快递行业的利润空间。整个行业都陷入了低阶竞争的“内卷”中，大家在“涨价找死，不涨价等死”的恶劣市场环境中胶着，急需外部力量打破僵局，改变市场格局。

资本的介入和上市无疑是最有效率的路径，优先上市的快递企业能够享受到资本市场强大的资源配置优势和多元化融资渠道优势，通过快速整合并购以成长为行业龙头，占据优势。因为在快递行业利润率低、建设投入大、人工成本高的情况下，谁先通过上市获得巨额融资，谁就有机会与其他企业拉开差距。

（2）行业增速放缓，上市窗口期将过

从行业现状来看，快递行业经过10余年的高速发展，整体增速已呈疲软之态。以申通为例，营业收入增长率从2013年的98.5%，下滑到2015年前三季度的20.1%，利润总额增速从2013年的510%下滑到2015年前三季度的20.7%，净利润增速从2013年的520.1%下滑到2015年前三季度的19.8%。

快递行业快速增长的窗口期即将过去，一旦错过，快递企业再选择上市，不仅故事不好讲，上市难度加大，而且即便上市成功也很难获得理想的估值，因为未来的快递市场很可能进入存量竞争阶段。

（3）政策环境良好

由于民营快递行业对我国物流发展水平提升和安置劳动力就业做出了巨大贡献，国家政策层面对快递行业的支持和鼓励不断加码。

2011年，我国颁布《快递企业等级评定管理办法（试行）》，相关管理办法旨在鼓励行业由单一的价格竞争向服务竞争转变。同年，国家邮政局发布《关于快递企业兼并重组的指导意见》，再次明确地给予快递企业政策支持，鼓励快递企业兼并重组，提高快递产业集中度。

相关政策继续加码，2015年出台了《国务院关于促进快递业发展的若干意见》，明确提出“鼓励各类资本依法进入快递领域，支持快递企业兼并重组”“加快形成若干家具有国际竞争力的企业集团”。

在政策利好的刺激下，本就有上市需求的民营快递企业纷纷将上市提上日程。

在上市路径上，“三通一达”除了计划赴美上市的中通，其他3家无一例外选择了借壳上市。

所谓借壳上市，是指一家私人公司通过将资产注入一家市值较低的已上市公司（壳公司），得到该公司一定程度的控股权，然后利用其上市公司地位，使母公司的资产得以上市，之后该壳公司通常会被改为拟上市私人公司的名称。直白地说，借壳上市就是计划上市的公司通过收购、资产置换等方式取得已上市公司的控股权，这样就可以以上市公司增发股票的方式进行融资，从而达成上市的目的。借壳上市不同于买壳上市，借壳上市的公司已经拥有了对上市公司的控制权，而买壳上市的公司首先需要获得对一家上市公司的控制权。

形象来讲，借壳上市可以看作借鸡下蛋的升级版，下完蛋连鸡都直接收入囊中，不用归还。

快递行业之所以选择借壳上市，原因在于：

第一，快递公司大都不满足上市条件。

公司上市门槛较高，上市公司需要满足相应条件，而快递公司属于现金流企业，收款零散，现金管理无法保证财务真实性，存在较大风险，很难符合IPO的要求，借壳上市则相对比较容易。

第二，直接上市等待时间较长。

即使企业满足IPO条件，通常还有审批和排队的时间，如果排队等待时间过长，很可能会错过上市和融资的窗口期。

正因为如此，圆通、申通和韵达纷纷选择借壳上市，且“三通一达”是在短短3个月内密集进入资本市场的。

2016年10月20日，圆通速递借壳大杨创世上市。

2016年10月27日，中通快递在美国纽约证券交易所上市。

2016年12月30日，申通快递借壳艾迪西上市。

2017年1月18日，韵达速递借壳新海股份上市。

截至2017年1月20日收盘，“三通一达”市值及其创始人身价详见表5-2。

表5-2 “三通一达”市值及其创始人身价

公司	市值	创始人	持股占比	身价
中通	94.5亿美元	赖梅松	28%	185亿元
圆通	655亿元	喻会蛟、张小娟夫妇	56.17%	368亿元
申通	401亿元	陈德军、陈小英兄妹	59.25%	238亿元
韵达	483亿元	聂腾云、陈立英夫妇	66.01%	319亿元

5. 顺丰借壳鼎泰新材

在“三通一达”启动上市计划的同时，顺丰也于2016年5月开启了借壳鼎泰新材上市的流程，王卫打破“不上市”的承诺。王卫表示：“服务更多的人是顺丰上市的目的。”

为了实现顺利上市，早在2015年，顺丰就将旗下的电商和零售业务剥离了出去。这两块业务主要由顺丰电商、顺丰商业两家公司来运营，按原计划它们都将注入上市公司。但电商板块在顺丰的整个业务版图中所占比例微不足道，且一直处于亏损状态，扭亏无望。

2013年，顺丰电商业务收入为3.14亿元，2015年增加至9.63亿元，虽然增幅明显，但其在顺丰整体营收中所占比例依然无足轻重。2015年，顺丰快递业务营收469亿元，收入占比高达97.6%。

不仅仅规模有限，顺丰电商还一直处于巨额亏损中，自2013年至2015年前9月亏损分别是1.26亿元、6.14亿元和8.66亿元，累计亏损16.06亿元。至于亏损的原因，顺丰上市方案报告中称主要是“顺丰商业自2014年开始集中铺设线下门店”。

而顺丰股东曾向上市公司承诺在2016年、2017年、2018年的净利润分别不低于21.8亿元、28亿元和34.8亿元。巨额亏损的电商业务显然将会是整个顺丰的“包袱”，不仅会拖累拟上市公司的整体业绩，也会动摇投资者的信心。

2015年9月30日，顺丰果断将旗下顺丰电商、顺丰商业100%股权分别以人民币1元的象征价格，转让给公司大股东明德控股持股76%的顺丰集团商贸有限公司。

通过此次股权转让，顺丰商业和顺丰电商成了顺丰集团商贸有限公司100%控股子公司，而顺丰集团商贸有限公司则由王卫控制。

电商业务被剥离之后，顺丰的财务数据好看了许多。2016年5月，顺丰发布的2016年度业绩快报显示，预计2016年度实现净利润41.8亿元，同比增长112.51%，接近“三通一达”的业绩总和，扣非净利润约为26.4亿元，已经超出了借壳时顺丰做出的2016年不低于21.8亿元的利润承诺。

2016年5月30日，顺丰发布借壳上市预案，交易方案包括：重大资产置换，发行股份购买资产，募集配套资金。公司拟置出全部资产及负债（作价8亿元），与拟置入资产顺丰100%股权（作价433亿元）中的等值部分进行置换，差额部分由公司以 10.76元/股发行约39.50亿股支付；公司拟以不低于11.03元/股非公开发行股份募集配套资金不超过80亿元。

2016年5月31日，鼎泰新材复牌，到6月21日，股价连续12个交易日涨停，成为2016年度牛股。

此后，由于证监会对借壳上市的审批趋于严格，顺丰又先后对重组方案进行了两次调整，主要是剥离旗下的金融资产。

2016年7月，顺丰宣布将剥离旗下全部金融资产，包括直接或间接持有的合丰小贷、乐丰保理和顺诚融资租赁资产100%股权，价值约7.96亿元。9月底，鼎泰新材再度发公告称，顺丰剥离了其持有的中顺易和共赢基金的全部资产。

对于金融资产的剥离，顺丰表示，顺丰以快递物流为主营业务，此次方案调整对顺丰的生产经营不会构成实质性影响。顺丰打包上市的资产主要为顺丰控股速运物流等相关业务，包括快递、仓配、冷运、供应链、重货运输等业务板块。

鼎泰新材称，顺丰剥离金融资产，主要是为保证本次重大资产重组顺利实施，根据监管和市场环境变化情况而做出的决定。

火速剥离金融资产后，2016年10月12日，顺丰借壳上市方案获得证监会有条件通过。12月，王卫任上市公司总经理，鼎泰新材原管理层辞职，完成置出资产。

2017年1月18日，顺丰完成过户手续及相关工商变更登记事宜，实现发行股份购买资产，基本完成资产重组。在2月15日的股东大会上，变更公司名称及证券简称的议案获得通过。

2017年2月24日，鼎泰新材正式更名顺丰，并在深交所敲钟上市，距离鼎泰新材发布顺丰借壳预案仅用了8个月时间。上市当日，顺丰股价高开高走，总市值达2310亿元，超过了万科和美的集团，成为深市第一大市值上市公司。

6. 低调总裁砸了自己的低调牌坊

在业内，王卫历来以低调著称。

早年间，《创业家》杂志这样描述王卫："当我们谈论起顺丰和王卫的时候，像是在谈论一个看不见摸不着，却缭绕弥漫在空气中的幽灵。"在顺丰上市前的20多年发展历程中，王卫几乎从未接受过媒体采访，媒体想找一张王卫的照片都很难。

在顺丰启动上市程序后，曾经的低调总裁王卫为了配合公司上市，不得不让自己高调起来。不过，王卫的第一次高调亮相，同顺丰上市并没有直接关联。

2016年4月17日，顺丰北京公司的一名快递员在配送过程中与一辆轿车发生剐蹭，快递员被轿车车主打了几个耳光，但没有还手。事件一发，很快便引爆网络，网民对打人的司机纷纷发出谴责之声。一向低调的顺丰总裁王卫也一反常态，为此事高调发声，他在朋友圈转发了事件相关视频，并评论称："我王卫向着所有的朋友声明！如果这事不追究到底，我不配再做顺丰总裁！"

王卫的霸气宣言，一时在网络广为流传。

2016年4月18日，王卫还针对顺丰快递员被打一事专门举行了一场媒体交流会。王卫表示："这次我们这么强势主动地走出来，要很鲜明地阐明我们的态度：绝对不能允许这种粗暴的人这样对待顺丰快递员，以及快递行业的人。”

后来，在顺丰的强力交涉下，打人者因涉嫌寻衅滋事被依法行政拘留10天。

2017年2月24日，顺丰于深市上市当天，王卫着一身休闲装，还专门带着当初被打的顺丰北京快递小哥到深交所敲钟。快递小哥在现场接受媒体采访时表示：“能够上台敲钟，并且听到总裁的话，感觉很暖心。”

上市当日，随着顺丰股价的强势涨停，作为公司实际控制人，顺丰速运创始人、顺丰董事长王卫的身价也水涨船高，高达1400亿元，力压“三通一达”创始人，成为快递行业首富，同时，也超过了李彦宏、许家印等其他行业巨头的身价。

当天，王卫还自掏腰包，高调地为顺丰员工送上了一份特别的“个人心意”：每名顺丰员工都获得了3888元、6888元等额度不等的红包。王卫派出的红包总金额高达10亿元。

王卫表示，顺丰正式进入资本市场，是顺丰发展历史的重要里程碑，顺丰将以此为新的起点，不断夯实企业发展基石，用更高品质的产品与服务回馈客户，努力为股东、员工及投资者带来值得期待的经济效益和社会效益。

从幕后走向台前，王卫履行了一名上市公司董事长应有的职责，同时，这一转变又让他有些无所适从。此前在顺丰2016年年会上，王卫就曾讲：“顺丰这几年为了缓解业务压力，为了上市，有点迷失掉了信仰。我不接受、不认可我们这几年所谓的辉煌，因为我真正要给大家看的不是多少架飞机、多少市场占有率、多少收入、行业里面是不是排第一，甚至我今天的财富是多少，我觉得这件事我根本没有兴趣去看。”

2017年6月20日，由腾讯承办的首届粤港澳大湾区论坛在香港举行，一贯低调的顺丰董事长王卫罕见现身。与会嘉宾还有腾讯公司董事会主席兼首席执行官马化腾、格力电器董事长兼总裁董明珠、时任恒基兆业地产集团副主席李家杰等人。

由于极少公开亮相，顺丰总裁王卫此次就成了现场和媒体报道的一个亮点。

当天下午4时，身着蓝色西装、白色休闲裤、灰色休闲鞋的王卫坐上“创新栖息地”分论坛的主席台，他也是现场6位嘉宾当中唯一一位没有穿皮鞋的。

轮到王卫发言时，他开起玩笑称：“首先感谢马同学、马主席（马化腾），我的低调牌坊这次真的没有了。”

在当天上午的主旨演讲阶段，马化腾曾说：“非常感谢王卫。大家知道，他是一个极其低调的人，我是花了很大精力才把他请来的。顺丰超过20年的发展过程，完全见证了粤港澳大湾区的成长历程。我说你是典型代表，不来不行。”“以后别半推半就了，多出来见见媒体。”马化腾还这样建议王卫。

“（因为要见媒体）我昨晚都没睡，直到刚才我还在练习发言。”王卫笑着回应道。

以上信息迅速登上众多媒体的头条。媒体之所以如此敏感，一个很重要的因素是王卫此前太低调了。

第六章

红海厮杀：强敌环伺，竞争惨烈

我们的竞争对手，

肯定不是来自同行，

而是跨界企业。

—— 王卫

1. 民营快递公司上市潮后的竞争格局

2016年，全球快递包裹量约700亿件，仅中国产生的快递包裹量就已超过300亿件，占比将近50%。统计数据显示，2016年，中国快递行业延续强劲增长态势，业务量累计完成312.8亿件，同比增长51.3%，业务收入近4000亿元，同比增长43.5%。

在消费碎片化、农村网购渗透率提升以及跨境电商快速发展的背景下，预计未来3年快递行业仍将保持30%左右的高速增长。2017年，智慧物流、跨境物流、同城配送、物流大数据平台、云仓平台等领域更是呈现出爆发性增长的态势。

2011年，王卫在接受采访时曾说："上市的好处无非是圈钱，获得发展企业所需的资金。顺丰也缺钱，但是顺丰不能为了钱而上市。上市后，企业就变成一个赚钱的机器，每天股价的变动都牵动着企业的神经，对企业管理层的管理是不利的。"

后来顺丰上市也是市场发展的必然选择，在"三通一达"纷纷登陆资本市场后，顺丰如果想保住民营快递第一的位置、捕捉新的增长机会，就需要通过上市获取资金，向综合物流提供商转型。

宅急送创始人陈平在接受《南方周末》采访时提到，顺丰上市是必然选择，一是顺丰目前对资金有强烈的需求，二是顺丰模式的调整需要通过上市来助力。

上市后，顺丰变为公众公司，王卫称将提醒自己言行要更加谨慎：“从今天开始，话不能随便说，地方不能随便去。”同时，王卫更提醒员工“要更加谨慎，少说话多做事”。

上市当日，王卫介绍了公司规划：

首先，物流方面，公司将进一步完善中转配送网络，保障快递产品的及时率与安全性。

其次，信息流方面，将进一步提高顺丰的信息处理能力，优化顺丰对现有快递资源的组织能力。

最后，顺丰还将投入无人机、车联网等下一代智能物流技术，通过革新未来物流配送方式，降低快递配送成本，提高运输过程的可靠性。

现代快递作为资本密集型产业，需要大量的运力设施、快件分拣场地和设施，以及端到端的IT（信息技术）系统，这些都需要大量资本的投入。我们看到，不仅仅顺丰，“三通一达”从资本市场募集到巨额资金后，也都纷纷将其用于各自的软硬件设施升级中。各上市快递公司的资金投放主要集中在四个方向：

第一，快递车辆。

包括城市内集输揽投车辆，以及城市间干线上主力运输车辆的更新和增添。

第二，航空运力。

进一步提升航空运力，包括飞机维修能力的加强、新的运力的采购等，主要是顺丰。

第三，转运/分拣处理中心的增加、扩建和设施升级。

包括大规模自动化分拣设备的投放。为了在下一轮竞争中不落伍，获得可持续的竞争力，国内各大头部快递公司将会在转运分拣环节加大自动化设备的投放，以获得产能和效率的显著提升，而不再过度依赖人海战术的分拣方式，高速自动分拣设备将逐渐成为行业内的标配。

第四，端到端的信息系统的升级。

包括快件揽投人员的手持设备，从揽投点到城市集散中心、枢纽转运节点全链条的数据采集以及后台运算设备和系统。信息化能力的提升不仅是改善末端用户体验的必须投入，也将为快递企业基于大数据的运营优化以及增值服务的开发奠定基础。

例如，申通快递计划将从IPO中募集到的48亿元资金，拿出20亿元用于完成借壳所需要的现金对价，剩下的28亿元将全部投入中转仓配一体化项目（拟在上海、杭州、武汉、天津、广州、北京、成都等业务核心区域新建29个转运中心或物流中转平台，并配套建设仓储设施，耗资14.6亿元）及运输车辆购置项目（推进申通全运输网络的车辆购置和更新，能够提升货物中转运输效率和安全保障水平，耗资5.2亿元）。

圆通也公布了共计46亿元的新投资计划，其中计划投入23亿元募集资金用于：转运中心建设和智能设备的升级（11亿元）、网络运能提升（6亿元）、智慧物流信息一体化平台建设（6亿元）。

顺丰的投资计划则包括：投入26.8亿元募集资金用于航材购置以及飞行支持项目，投入11.1亿元用于信息服务平台建设以及下一代物流信息化技术研发（即使目前顺丰在中国快递行业的信息化水平已经非常领先），投入34.8亿元用于中转场建设。

可以预见，在各大快递巨头对重资产不惜代价的投入下，未来快递行业将迎来更为残酷的竞争、淘汰和洗牌。

2. 行业集中度进一步提升

中国快递企业可以分为四类：外资快递企业、国有快递企业、大型民营快递企业与小型民营快递企业。

经过几年完全竞争阶段的混战，快递行业已基本形成以大型民营快递企业为龙头的格局，将继续从龙头格局向寡头格局发展。

所谓行业集中度（Concentration Ratio，CR），是指行业内规模较大的几家企业所占据的市场份额的总量，是用来衡量行业市场集中度的重要指标，也是衡量行业内企业数量和相对规模差异的量化指标。

快递行业集中度的衡量指标通常有两个：

一个是CR8，是指快递行业规模较大的8家企业，包括：顺丰、圆通、中通、申通、百世、韵达、京东、德邦。

另一个是CR6，则是指：顺丰、圆通、中通、申通、百世、韵达，排除了后两位的京东和德邦。

“三通一达”和顺丰等快递企业上市后，快递行业集中度进一步提升，2019年年中相对于2018年年初，快递行业集中度CR8由80提升至81.7，前6家企业，即CR6的市场份额都有不同程度的提升，增速要高于CR8的整体增速。这说明了越是头部的龙头企业，增速越快，市场占有率越高。

中通快递在2019年年中大会上指出，其第二季度市场占有率已高达19.9%。

另外，顺丰作为快递行业的龙头企业，在2019年7月发布的《财富》中国500强企业榜单中，以909.43亿元的营收位列快递企业第1位，在中国500强企业中排第102位，相较2018年提高11个位次。

可以看出，快递行业的CR6均为民营企业，且都已上市（百世集团于2017年9月20日在美国纽约证券交易所上市）。快递行业的头部6家企业，又可以分为两大阵营：顺丰（主要服务中高端的商务时效件）和通达系（主要服务中低端的平价件、电商件）。2019年，在商务件细分领域，行业集中度更高，仅顺丰和EMS就占据了超过90%的市场份额。

从以上数据可以看出快递龙头企业的竞争优势及竞争力，尽管快递行业已经从完全竞争阶段跨入龙头竞争阶段，但市场竞争的激烈程度丝毫没有下降，反而有愈演愈烈之势，即使强大如顺丰也面临强敌环绕境况，要时刻防备各种业内、跨界竞争对手对自身“护城河”的冲击，无法做到高枕无忧。而快递巨头们上市的目的，除了把业务规模做大外，很重要的一点则是在技术上下功夫，打造公司核心竞争力，共同构建行业的高生态壁垒，抵抗“外敌”入侵。在可以遇见的未来，快递行业的市场份额将会进一步向巨头集中，行业巨头也会出现分化并诞生一些行业寡头，进入寡头竞争时代。

公开资料显示，截至2019年年底，顺丰快运已经拥有51个快运中转场，约1300个快运网点，面积超过175万平方米的快运场地，1.9万余台快运收派车，以及1134条快运干线和8170条支线，业务覆盖全国31个省区市、362个主要城市及地区。

顺丰拥有通达国内外的最独特稀缺的综合性物流网络体系，

包括由全货机、散航、无人机组成的空运“天网”，以营业服务网点、中转分拨网点、陆路运输网络、客服呼叫网络、“最后一公里”网络为主组成的“地网”，以及由大数据、区块链、智慧物流地图等组成的“信息网”。“天网＋地网＋信息网”三网合一，深度切入大物流市场。2019年，顺丰在科技研发的投入就高达36.68亿元，同比增长34.65%。

总的来讲，快递行业未来依然具备确定性的扩张红利。同时，行业增速放缓以及市场集中度越来越高，也昭示着我国快递行业的竞争已经正式迈入存量博弈阶段，拥有时效、服务、品牌的巨头们将更容易聚集忠诚度高、增速快、利润率高的客户。

相对而言，顺丰的体量和所掌握的资源，有着竞争者所难以企及的竞争优势。

3. 日渐升级的快递“航空争霸赛”

航空运输是一种高附加值的运输方式，具有速度快、安全准确、空间跨度大等优势。据统计，航空货运量占全球货运量的1%，但是，航空贸易货值却占全球贸易货值的35%以上。

相对于国际巨头，我国航空货运市场发展水平还较低。目前国内仅拥有不到200架全货机，只占民用航空飞机总量的4.5%；而在美国，仅联邦快递旗下的货运航空公司就拥有近700架全货机，其航空业务范围覆盖全球200多个国家和地区。相对而言，我国航空货运市场尚有巨大的发展空间。

航空运力是顺丰的“三驾马车”之一，也是顺丰用来阻隔竞争对手的高端“护城河”。不过，航空运输并不是顺丰专属领地，实力强大的竞争对手也在觊觎航空运输市场。事实上，快递领域的“航空争霸赛”从来就没有停止过，且有愈演愈烈之势。

快递领域“航空争霸赛”的参与者大致有三类企业：

（1）组建货运航空公司的物流企业

当前，国内快递企业中仅有顺丰速运、中邮速递和圆通速递3家企业成立了货运航空公司，拥有独立的航空运力。

中邮航空成立于1996年，是我国最早的专营特快邮件和货物运输的航空公司。顺丰航空成立于2009年。

2015年，圆通速递成立圆通航空，在“四通一达”中率先发力航空货运领域，成为继中邮速递、顺丰速运之后第3家拥有飞机的快递企业，圆通也是第一家通过并购进行海外网络布局的中资快递公司。

圆通航空成立后，动作不断。2018年11月，圆通战略控股香港上市公司先达国际。同时，圆通联合菜鸟、中国航空宣布投资120亿港元在香港国际机场共建世界级物流枢纽。2019年年初，圆通开通首条自有货机跨境货运航线。

截至2020年，顺丰航空、圆通航空、中邮航空自有全货机已经分别达到67架、12架、28架，其中，顺丰航空无论从全货机数量、航线数，还是运力来看，在国内行业中都处于领先地位。2020年上半年，顺丰国际航线共执行1454班，同比增长1073%。

2021年3月18日，极兔速递（J&T Express）在印度尼西亚举行首架全货机首飞仪式，亮相的全货机型号为波音737-300，是其全包租赁的7架全货机之一，正式开启航空高端件业务。这家已经进入中国内地的快递公司，下一步也很可能会入局国内的“航空争霸赛”，将全货机引入国内。

届时，顺丰将会迎来新的航空货运竞争者。

（2）同航空公司建立合资公司的物流企业

2018年6月11日，中通快递与土耳其航空（Turkish Airlines）、太平洋航空（PAL Air Ltd.）成功签约，宣布将成立合资公司。合资公司总部设在中国香港，将提供各类门到门物流业务服务，包括揽收、拣货、运输、收发、快运、跨国对接和“最后一公里”的配送。同时，合资公司也将提供仓储管理、订单和供应链管理。

据中通方面透露，为了配合航空业务，中通快递在国际业务领域已经积极部署和拓展，目前已在美国设立3个中转仓，在中国台湾、香港和澳门地区设立10余个中转仓，在德国、法国、日韩、新西兰等地均设立中转仓，海外仓资源日渐完备。

中国物流学会特约研究员杨达卿在接受《每日经济新闻》采访时表示："中国国际快递市场长期被FedEx、UPS、DHL三巨头主导，本土快递企业仅中邮、顺丰和圆通3家拥有航空运力，但海外空运布网发展并没有跟上阿里、京东等电商发展步伐。中通联合土耳其航空，圆通联合菜鸟、国航成立航空物流枢纽，势必引发由中国企业参与的新一轮国际快递市场的竞争。"

中通作为2017年业务量排名第一的民营快递公司，尽管没有像顺丰和圆通一样直接成立货运航空公司，但通过与境外航空公司成立合资公司的方式，将会切入国内快递企业相对不太擅长的国际航空货运领域，形成差异化竞争优势，中通的入局也将会使快递行业的"航空争霸赛"更为激烈。

（3）跨界竞争的航空公司

我们注意到快递公司纷纷通过自建航空公司或同航空公司合作的模式进入航空物流领域，其实，航空公司也一直在试图跨界侵入快递公司的领地，早在2012年，东方航空物流股份有限公司（简称"东航物流"）就已经挂牌成立。

从2017年开始，三大国有航空公司都在加紧推进混改工作，以提升在物流领域的竞争力。其中东航物流在2017年引入外部投资者后，于2021年在上交所上市；南航则于2018年10月组建了南方航空物流有限公司，整合了旗下相关货机及腹舱运力、国际物流等相关货运资源。

航空快递领域虎视眈眈的竞争者越来越多，顺丰的先发优势也逐渐不明显，航空货运争夺战未来将会更加激烈。

不过，当前中国航空物流需求巨大，虽然中国跃居全球最大电商快递国，但是物流运力在结构上并不合理，陆运占据运力结构的70%以上，空运在运力结构中的比例还需大幅提升，市场空间依然巨大，能够容纳下更多的竞争者和搅局者。

4. 竞争对手不是同行，而是跨界企业

2017年4月7日，在股东大会上顺丰发布公告，审议通过了《公司2016年年度报告及其摘要》《公司2016年度董事会工作报告》和《公司2016年度利润分配预案》等11项重大议案。

顺丰董事长王卫在股东大会上回答了股东提出的一些问题，其中，有股东向王卫提问："企业最大的风险在哪里？是否会面临新技术的挑战？"

王卫回答说："我们的竞争对手，肯定不是来自同行，而是跨界企业。"

王卫还进一步描述了"跨界对手"的三个特征：一是技术性很强；二是能够掌握整个行业上游；三是拥有大量的数据。具备以上三个特征的企业，才会成为顺丰的竞争对手。

至于如何应对跨界对手，王卫表示商界里面永远都有竞合关系，有机会将会跟具有上述特征的公司一起合作。

不久后，《证券时报》副总编辑高峰在采访时任顺丰CIO（首席信息官）、董事罗世礼时，也曾提到跨界竞争的问题——"顺丰在股东大会上曾提出顺丰的竞争对手肯定不是来自同行，而是跨界企业。怎么理解这句话？"

罗世礼答道："这句话我们的创始人王卫确实讲过，也很早

就提出过。回到我刚才讲的，科技在改变世界，科技实际上在改变每一个行业。我觉得未来的竞争对手不一定是我们现在的同行，虽然快递同行都在努力做得很好，但真正改变我们行业点滴的，是科技。所以我们也是个科技公司。

“我们认为，真正在这个行业中能够做得好的话，就是要把自己的标杆提升一些。我认为，顺丰能够在科技的应用领域中，为我们的一些客户，与我们的合作方做好我们的事情，同时，能够在当前这个经济环境中，联通经济利益，更好地做好服务。这是顺丰当前发展的意义所在。”

根据王卫和罗世礼对跨界竞争对手的解读，很容易让人对号入座，符合王卫条件的跨界竞争者只有两家：京东物流和菜鸟。

（1）京东物流

早在2007年，京东CEO刘强东便力排众议，决定投入巨资自建物流系统。

2016年6月，刘强东在谈到中国物流未来的格局时表示，当时物流服务能得到公众认可的只有京东快递和顺丰快递，未来能在国内立足的物流可能只有京东和顺丰这两家了。刘强东此言，显然已经将顺丰当作京东物流的直接竞争对手。

2018年2月14日，京东集团宣布旗下京东物流集团成功获得融资总额25亿美元。此次融资的主要投资方包括高瓴资本、红杉资本中国资金、招商局集团、腾讯、中国人寿、国开母基金、国调基金、工银国际等多家机构。交易完成后，京东集团仍将持有京东物流81.4%的股权。据此计算，京东物流估值已高达134.4亿美元。

2017年，京东物流正式从京东集团独立出来，计划独立上市。刘强东对京东物流的前景非常看好，自信称：“目前，京东物流在全国范围内还没有一个真正意义上的竞争对手。”

2017年9月底，京东物流与网易严选展开物流配送合作，对顺丰而言，这是电商大客户的一次重大损失。

京东物流的强势崛起让顺丰和王卫很是惊讶。在京东面前，顺丰曾经引以为傲的直营和仓储不再是唯一的优势。

早在2017年年末，京东物流就已经拥有了405 座仓库，总面积达900 万平方米，同期顺丰投入使用的仓储面积不到 400万平方米。

而且，京东物流的核心策略是大量设立前置仓库，尽可能提高物流效率，直逼顺丰核心竞争优势之一的时效“护城河”。

2018年8月，据京东CFO黄宣德透露，京东已经建成总计超过250万平方米的物流仓储基地，在全国范围内运营的仓储总面积达1200万平方米，拥有的物流资产价值达数十亿元人民币。

与此同时，京东物流已在北上广三地开展了个人快递业务，正式杀入C端，并且还将此业务扩展到更多城市。

2021年5月28日上午，京东物流在港交所敲响上市的钟声，上市首日股价高开14.1%，报价46.05港元，市值超过2800亿港元。

当前，京东物流已建立了覆盖全国、触达全球的六大物流网络，并推出“211限时达”“千县万镇24小时达”等服务。而且，在经历10年的持续投资、孵化和积淀后，从2017年开始，京东物流便全面对外部客户开放，到2020年，外部客户收入占比已达到46.6%，服务企业客户数超过19万人。

京东物流的强势崛起，无疑给顺丰带来了很大的挑战。

（2）菜鸟

在2017年4月7日的顺丰股东大会上，王卫也谈到了菜鸟的问题。王卫表示，如果顺丰和菜鸟的未来规划不同，那二者就不是竞争对手，而是错位竞争。菜鸟后台拥有阿里的整个战略布局很有杀伤力，顺丰没有必要去跟它面对面竞争。中国的商业市场很大，顺丰有可能会跟它合作。

事实上，很快顺丰便和菜鸟互掐起来。2017年6月1日，菜鸟指责顺丰在当日凌晨宣布对菜鸟数据接口的关闭消息。接着，顺丰又曝出猛料称是菜鸟率先封杀丰巢，最终目的就是让顺丰由使用腾讯云切换到使用阿里云上来。

在物流领域，顺丰与多个电商企业物流平台的竞争，已经是不争的事实。而菜鸟的竞争力同样不容小觑。

2017年9月，阿里巴巴宣布斥资53亿元增持菜鸟股份，增资后阿里巴巴持有的菜鸟股权比例从原来的47%增至51%。由此可以计算，菜鸟的估值大致为203亿美元。

2018年5月，在全球智慧物流峰会上，马云宣布，菜鸟将全力以赴建设国家智能物流骨干网。他表示："我们将投入上千亿元，如果1000亿元不够，那我们就再投资几千亿元，把阿里巴巴可以有的投资绝大部分投向物流。"

国家智能物流骨干网由两部分组成：一张网是在国内，要做到任一地方24小时必达，把中国物流成本占GDP（国内生产总值）的比重降到5%以下；另外一张网是沿着"一带一路"，eWTP节点，在全球范围内实现72小时到达。

相对顺丰的当日达、次日达，菜鸟的愿景更为远大，致力于实现24小时货通全国、72小时货通全球。

2018年9月17日，菜鸟总裁万霖在阿里巴巴2018全球投资者大会上表示，菜鸟智能物流骨干网在多个领域已经取得突破性进展：2017年，菜鸟面向全社会日均连接的包裹已超过6900万个；仓储方面，菜鸟的智慧化供应链解决方案，比如分层立体化的仓储设施面积已超过1000万平方米；末端网络方面，菜鸟驿站日均处理的包裹已超过1000万个。

截至2018年，菜鸟陆续在杭州、香港、吉隆坡、莫斯科、迪拜、列日等地落地六大全球物流数字枢纽。中国到重点国家的物流时效已提升到10天，清关时效从平均2天提速到10秒。

万霖表示："智能物流骨干网首先是基于连接，菜鸟通过IoT（物联网）技术，把仓储、干线、末端、车辆、人员、包裹、门店等物流全要素连接起来。然后通过叠加人工智能和算法，提升这张网络的智能化水平。"

如果说京东物流的撒手锏是AI（人工智能）、无人技术以及大数据等，那么菜鸟的核心竞争力之一便是IoT战略。

所谓IoT战略，即全力投入IoT技术、人工智能、边缘计算等关键技术研发，推动物流园区、仓储、分拨、车辆、人员和智能柜等物流全要素的数字化和智能化，实现物流要素实时在线和智能调度。

2018年9月26日，德邦、中通、圆通、申通、百世、韵达等快递公司纷纷与菜鸟签约，正式接入菜鸟基于物流 IoT 的智能系统。

随着与"四通一达"等快递公司实现更紧密的结合，菜鸟成为快递行业不容忽视的一极，让王卫和顺丰不得不认真对待。

5. 屡遭冲击的“护城河”

巴菲特有一个著名的“护城河”理论。所谓“护城河”，简单来说，是一种企业建立起来的可持续的竞争优势，也是别的企业难以复制的优势，竞争对手很难学到。借助“护城河”，具备优势竞争力的企业能够在行业内获得源源不断的高额利润。

从成立发展至今，顺丰也逐渐形成了自身的“护城河”，即让王卫引以为傲的顺丰“三驾马车”：直营模式、中高端定位以及航空运力。它们构成顺丰的核心竞争力，为竞争对手制造了曾经难以企及的竞争壁垒。

如今，随着竞争对手实力的不断增强以及层出不穷的跨界竞争者，顺丰曾经的“护城河”已经不再固若金汤，而是屡遭竞争对手的冲击。

（1）直营模式

顺丰是民营快递企业中第一家采取直营模式的，不可否认，直营模式有其独到优势，且在顺丰早期发展和品牌形象塑造中立下了汗马功劳。但直营模式也有其弊端，早些年，针对顺丰的直营模式，物流智联网创立人罗辉林就曾表示：“直营的运营能力是有限的，随着直营的规模越来越大，边际的管理效应会逐步降低，那么评定成本就会上升，而直营模式相较于加盟模式，管理成本一般会上升12%～15%。”

直营模式最显著的弊端，就是重资产、高成本，前期需要投入大量的人力、物力与资金。在一些经济落后的中西部地区，从性价比的角度考量，当地的市场容量无法支撑顺丰对固定资产的巨额投入，因此，顺丰就没有办法铺设网点，这意味着市场的拱手相让。

另外，顺丰庞大的直营体系也决定了它不可能过度依赖性价比，因此在面对电商件和价格战时显得力不从心：不参与其中的话，失去市场；参与其中，则失去利润。这让王卫左右为难。

即便直营模式本身，也有后来的挑战者。比如，同样靠直营模式起家的京东快递在进入个人快递市场后，在体系上的优势同样十分明显。圆通也推出了采取直营模式的“承诺达特快”，在同城、经济圈范围内可实现即日达、次晨达。

（2）中高端定位

顺丰赖以起家的中高端市场，觊觎者更多。

第一，中通。

中通是通达系中首个果断跳出快递价格战、舍弃低价亏损件的快递公司。2021年，中通董事长赖梅松对外表示：“不必要的低价亏损件或以利润换取短期市场份额增长的做法，既不明智也不可持续。”

舍弃低价件，就要寻找新的增长点。2021年4月，中通开始布局中高端业务，向顺丰的领地发起冲击，上线标快产品。截至8月31日，中通标快产品上线始发城市已达195个，目的地城市362个，增长非常迅速。中通标快产品涵盖的范围也很宽泛，不仅包括商务件、下午茶、生鲜冻品、高端电商，甚至还包括同城即时物流，类似闪送、盒马等运营模式。中通还推出了“星航时效件”，主打时效保证、高辨识度、高品质服务、全链路跟踪等特点，享有体系内各项服务最高优先权。

中通业务战略结构调整的效果非常明显，2021年上半年，中通实现净利润18.05亿元，居行业之首，不仅远超其他通达系快递公司，也高于顺丰。中通快递集团首席财务官颜惠萍表示："第二季度我们聚焦定价有效的盈利件量，避免无谓亏损件量，实现了调整后净利润12.7亿元人民币。"

与此同时，中通的快递服务质量和品牌形象也有了明显提升，国家邮政局联合第三方机构公布的2021年第一季度和第二季度快递服务公众满意度调查结果显示，中通的公众满意度居于第四位，排在顺丰、京东快递、EMS之后，在通达系企业中居于首位。

中通"上行"之路进行得非常顺利，直接威胁到了顺丰的中高端市场。

第二，京东。

京东快递进入个人快递市场后，瞄准的也是中高端市场，在服务群体和质量上，都与顺丰有着高度的重合性，而且由于多年的重资产投入，京东物流体系已经十分完备，在全国90%区县都能实现24小时达，对顺丰的中高端市场而言，京东无疑也是一个强劲的抢食者。

第三，圆通、韵达、申通。

不仅仅中通，圆通、韵达和申通也都在极力跳出快递价格战，寻找新的增长点，纷纷通过提高服务品质来进军中高端市场。圆通推出了"承诺达特快"，采取直营模式，在同城、经济圈范围内可实现即日达、次晨达，跨省重点城市互发的快件实现次日达覆盖率90%以上；韵达、申通等也都接连推出了自家的优质服务内容，进军中高端市场。

快递市场已进入存量博弈阶段，当中高端市场中参与者增多时，用户的选择变多，顺丰的优势就会被削弱。

（3）航空运力

国内航空物流领域，顺丰尽管仍居第一，但已不再是一家独大，EMS、圆通与京东都已经拥有了自己的货运飞机，并且持续加大在航空运力方面的投入。比如，京东计划将在芜湖建设全球航空货运超级枢纽港，并持续投资打造航空运输机队，预计2030年机队规模将达100架。

6.极兔的搅局与快递价格战

浙江义乌有“全国快递风向标”之称，2021年3月，当地的快递揽收价格已经跌破1元。

在义乌，某兼职做圆通、申通、汇通快递的网点老板称，一次性发3000～5000件且均重100克以下的商家，圆通单价1.2元可发全国，即便发往新疆、西藏，也只需1.5元，申通可以低至1.35元，汇通则是1.3元。而有快递界拼多多之称的极兔，更是直接将单价压至1元以下，一位极兔代理商称：“总部对义乌许多拼多多商家给予了运费补贴，超万件的大单小件可做到1元发货。轻飘飘像纸一样的快递，看情况最低可做到8角。”

极兔之所以被称为快递界的拼多多，是因为采取了类似拼多多的低价策略。事实上，极兔同拼多多的渊源很深。极兔起步于印度尼西亚，在创立后仅仅2年时间里，就成为印度尼西亚快递行业中单日件量第一的公司，单量在整个东南亚市场位居第二。

极兔创始人李杰来自OPPO，OPPO属于段永平旗下的步步高系企业，而段永平同拼多多创始人黄峥的关系匪浅。早年间，段永平同“股神”巴菲特共进午餐时，就曾带黄峥一同前往，后来黄峥创立拼多多，段永平更是给予很多指点，同时也是拼多多的天使投资人。

正因为这层关系，极兔进入国内市场后，凭借着拼多多一直以来的力挺，在短短1年内日订单量便达到了2000万（日订单量2000万是快递行业公认的盈亏平衡点），此前“四通一达”和顺丰突破这一目标都花费了10余年的时间，这也从侧面凸显出极兔的成长速度之迅猛。除了拼多多，极兔还攻下了当当、蘑菇街、苏宁易购等电商客户。

当然，极兔只是国内快递价格战的一个参与者，快递行业的同质化日趋严重才是恶性价格战出现的最基本原因。早在极兔入局之前，国内快递领域便频频打起价格战，尤其是主要依赖电商件的通达系，更是不断拿利润砸市场，以牺牲利润来换取市场份额。

不过，极兔发起的价格竞争更为恶性，因涉嫌低价倾销，极兔于2021年4月9日遭到了义乌邮政管理局整治，被停业整顿。但价格战带给快递行业的影响却无法消除，直接后果是快递单件收入的大幅下滑。

2021年1月快递服务业务经营数据显示，顺丰、圆通、申通、韵达的快递业务单件收入分别为17.26元、2.38元、2.51元、2.23元，同比降幅分别为12.4%、19.3%、23.9%、22%。

对比2020年全年，中国的快递行业单件收入的下降幅度只有10.6%，而在2019年，这一数据仅0.9%。

单件价格的下降，导致快递行业利润出现大幅度下降，2021年上半年，圆通、申通、百世、韵达、中通、顺丰、德邦7家上市民营快递企业的利润额和利润增幅都出现大幅度下滑（见表6-1），有个别企业如百世和申通甚至出现了亏损，但各企业的营收却处于增长状态。如此一来一去，快递企业大多陷入“赔本赚吆喝”的状态。

表6-1　2021年上半年7家上市民营快递企业业绩情况

企业	营收/亿元	营收同比增幅/%	净利润/亿元	净利润同比增幅/%
圆通	194.95	33.70	6.46	-32.62
申通	110.18	19.00	-1.46	-306.99
百世	139.00	0	-10.70	-36.83
韵达	182.09	27.18	4.46	-33.45
中通	137.96	34.00	18.05	-14.00
顺丰	883.44	24.20	7.60	-79.80
德邦	148.89	28.16	0.16	-89.90

2021年第一季度，顺丰也出现了亏损，净利润为-9.89亿元，第二季度净利润为17.49亿元，实现扭亏为盈。2021年上半年公司实现利润总额10.93亿元，其中速运分部实现利润总额15.14亿元，较2020年同期下滑。

顺丰对此给出的解释是，因整体网络资源集中于2021年加大投入导致成本增长过快，同时，因定价相对偏低的经济快递产品业务占比提升过快，导致毛利承压。

事实上，快递行业的价格战历时已久，极兔强势进入以后，只不过让快递行业的价格战变得更为惨烈。就连一直专注中高端用户的顺丰也不得不被动入局价格战，自2021年2月以来，顺丰的单件收入始终处于低位，维持在16元以下。2月、3月、4月、5月、6月和7月的单件收入分别为15.11元、15.74元、15.84元、15.59元、15.91元和15.96元，而顺丰2020年同期单件收入则在18元左右。

受单件价格下降的影响，2021年上半年，顺丰主营业务速运物流及供应链业务毛利率由去年同期的18.62%降至9.93%，同比大幅下降8.69个百分点。

在2021年4月初的股东大会上，王卫特意为第一季度业绩爆冷亏损向股东们道歉，表示以后不会再有大亏损的事件发生。尽管王卫兑现了承诺，顺丰在2021年第二季度实现扭亏为盈，但随着越来越多的竞争者加入以及不断有挑战者对顺丰的“护城河”发起冲击，王卫和顺丰在未来仍然会面临严峻的业绩压力，从而不得不去寻求顺丰的第二增长曲线。

第七章

拓展版图：顺丰版图的扩张之路

其实，一个快递公司进入跨行业发展领域之后，

就意味着上了一个台阶。

我认为一个快递企业有两个阶段：

一个是跨行业发展，

一个是跨国家发展。

如果能做到这两点的话，

就意味着它已经开始进入国际公司的门槛。

——王卫

1. 不断扩张边界，苦求第二增长曲线

管理思想大师查尔斯·汉迪在阐述他的“第二曲线理论”时说：“当你知道你该走向何处时，往往已经没有机会走了。”

汉迪将拐点开始的地方称为“第二曲线”，它是相对第一增长S形曲线而言的。S形曲线指的是技术、产品、服务、行业、企业等从诞生、发展、成熟到衰亡的过程，从大范围看，它是一条S形曲线。S形曲线有四个阶段：导入期、成长期、成熟期、衰退期。导入期进展比较缓慢，在成长期会呈现指数型增长，在成熟期走向曲线顶端，到衰退期则出现增长率放缓、动力缺乏的问题。

在汉迪看来，任何一条增长曲线都会滑过抛物线的顶点（增长的极限），持续增长的秘密是在第一条曲线消失之前开始一条新的S形曲线，即第二增长曲线。对企业而言，此时通常正处于其第一增长曲线的顶峰，属于企业发展的黄金时期，如果企业及其领导者能在第一曲线到达巅峰之前，找到带领企业二次腾飞的第二曲线，并且第二曲线必须在第一曲线达到顶点前开始增长，弥补第二曲线投入初期的资源（金钱、时间和精力）消耗，那么企业永续增长的愿景就能实现。

但问题在于，很少有公司领导人能够有足够的勇气在公司突飞猛进时偏离原有的发展路径，而投入大量资源去培植一个短期内不

能带来收益的业务。

王卫显然是一个例外。面对快递行业复杂的竞争格局，王卫从来没停止对顺丰第二增长曲线的寻找，不断试图扩张顺丰的业务边界，寻找新的增长点，除了我们谈到的顺丰在电商领域的大量试错外，王卫还带领顺丰进行了诸多尝试。

（1）推出“顺丰打车”

2018年9月，顺丰在北京地区推出一项新业务——“顺丰打车”，不过，它提供的并不是像“滴滴打车”那样的客运服务，而是货运服务，业务定位是大件快递、同城货运和同城配送，因此可以称之为“网约货运车”。

顺丰打车由顺丰和“搬运帮”App联手推出，收费标准为起步价110元（含5公里），5公里外每公里加收5元，人工搬运服务为每人每小时100元，用户可按需选择，此外无楼层费和拆装费。服务车型包括厢式货车、金杯车、面包车和依维柯。

让人意想不到的是，“顺丰打车”推出后不到一周时间，就从“搬运帮”App下线，可谓是来去匆匆。

（2）拓展高性价比电商市场

电商单是顺丰业务的重要增长点，尽管王卫一度抵触电商单，但随着顺丰中高端时效件增长乏力，且不断有竞争者试图挑战该市场，顺丰不得不再次重视电商业务，尤其是对高性价比电商市场的拓展。

在电商件领域，流传着这样一句话：“不怕通达涨价，就怕顺丰降价。”

为何这样讲？因为只要顺丰降价，电商们大都会转而同顺丰合作，因为顺丰速度快、安全性高、服务好。通达系为什么不敢涨价？

因为它们一旦涨价，电商们心里就会盘算“那还不如发顺丰划算”。

下定决心拓展电商件后，顺丰真的降价了，凭借高性价比赢得了大量电商客户。

2020年以来，顺丰在高性价比电商市场的布局成效显著。数据显示，2020年，顺丰经济件持续高增长，同比增长高达155.86%。

同时，顺丰凭借强大的运营效率和独有的“天网＋地网＋信息网”优势，再加上规模效应，使得经济件的成本也在迅速下降。数据显示，2020年顺丰单件“人工＋外包＋运输”成本总计为13.29元，较2019年同期下降15.42%。这也意味着，顺丰强大的成本优势、规模效应和服务效率，能够在一定程度上弥补公司单件收入下降带来的影响，进一步增强顺丰在高性价比电商市场的竞争力，将顺丰在电商市场的尝试带入良性循环。

（3）发力同城、冷运、供应链和国际业务

除传统的快运业务，顺丰还加大了对同城、冷运、供应链和国际业务等新业务的投入和探索力度，同样效果显著。

从顺丰2020年年报可以看出，快运、冷运、同城、供应链、国际业务等新业务持续发力并实现快速增长，时效件与经济件之外的新业务占营收比例提升2.6个百分点，至26.2%。

2020年，顺丰快运业务收入185.17亿元，同比增长46.27%；冷运业务收入64.97亿元，同比增长27.53%，积极开展农产品上行和医药供应链业务；同城急送业务收入31.46亿元，同比增长61.17%，合作品牌数同比增长超300%，网络覆盖超500城；国际业务收入59.73亿元，同比增长110.40%，成为增速最快的业务板块；供应链业务收入71.04亿元，同比增长44.45%。

顺丰第二增长曲线已初步成形。

2. 王卫的金融梦

2020年，京东出资30亿元收购有“小顺丰”之称的跨越速运，从电商到物流再到金融，刘强东旗下已经有了“三驾马车”。而王卫作为国内快递第一品牌顺丰的掌舵者，也在从物流向电商、金融跨界。

王卫在金融领域的布局，最早始于2011年。当年，顺丰已推出“顺丰宝”业务，开始试水金融领域；2011年12月，顺丰成功获得第三方支付牌照。

2013年年末，顺丰成立速运金融保险服务事业部，提供垂直型的金融服务业务，如为银行、保险等领域的客户提供金融票据的配送服务。

2014年，顺丰成功拿下银行收单牌照，顺丰金融开启了线下POS机刷卡模式，极大提升了用户的付款效率，优化了服务体验。同年6月，顺丰介入金融贷业务，陆续推出“顺小贷”“仓储融资”“保理融资”等金融信贷产品。

2015年，顺丰金融业务进入加速发展的快车道，3月，顺丰金融服务事业群正式成立。同月，顺丰推出“丰仓贷”产品，该产品主要面向使用顺丰仓储及配送服务，且信誉良好、主要从事商品销售的品牌经销商、电商等客户，提供几十万元到上千万元不等的仓储融资，方便客户企业向上游进行采购。

同年，顺丰联合易方达基金推出“顺手赚”这一货币基金业务，针对个人理财业务。这样可以使大量闲余资金产生收益，减少资金的闲置成本，提高资金流转效率。

同年，顺丰推出个人消费金融产品“顺手贷”，针对个人信贷业务，主要为顺丰员工提供信贷金融服务。相对而言，顺丰比较了解员工的经济状况，因此为员工提供信贷的风险是相对较低的，但是外部金融服务却无法满足员工的需求，于是“顺手贷”填补了这一空白。“顺手贷”的日利率为0.025%，借款周期是6～36个月，但市场反响却不温不火。

随后，顺丰又与中国联通合作推出个人信贷产品“联丰贷”，借款额度为500～20万元，年化利率为17.82%。该产品推向市场后，很快便被叫停，具体原因不详。

需要指出的是，在2017年上市之前，顺丰将第三方支付业务之外的金融业务都剥离了出去，被剥离出去之后的金融业务的规模和发展情况，顺丰一直未进行公布。

2017年，王卫对外界表示，顺丰未来将致力于提供综合物流服务，持续深耕行业，利用大数据分析和云计算技术，为客户提供仓储管理、销售预测、大数据分析、物流配送、金融管理等一揽子解决方案，坚持了解客户需求、解决客户痛点、成就客户发展。

未来中国物流的商业生态，一定是“商业 + 物流 + 数据 + 金融”的生态，顺丰作为行业龙头企业，显然是要驾驭和控制上述每一个环节。正因为如此，顺丰开始借助金融科技的力量，发力供应链金融。

2018年4月，顺丰与怡亚通等8家供应链企业及其子公司签署了股东协议，宣布共同成立超级大数据公司。

2019年7月，顺丰推出“Rong-E链”供应链金融科技平台，既可以提供市场上标准的线上化供应链金融产品，也可以提供基于复杂业务场景的供应链金融综合解决方案，并实现创新性地设计定制化产品等。

以物流产业为例，依托顺丰庞大的业务体系和大数据，“Rong-E链”能够通过把握业务实质，为物流行业中小微供应商有针对性地设计提前垫资、按需融资的金融产品，帮助中小微企业解决融资难、融资贵、放款慢的问题，增强顺丰全产业链的凝聚力和竞争力，达到“链通共赢”的战略目标。

“Rong-E链”平台还引入区块链技术，由于区块链具备防窜改和可追溯的优势，因此顺丰可以在“Rong-E链”平台上通过产品“丰单”对其供应链进行信用赋能。

2019年顺丰年度报告显示，顺丰个人会员用户已达2.5亿，同比增长约58%。而以中小客户为主的月结客户中，月活跃客户数为140万，同比提升19.2%。顺丰在快递业内本身拥有好口碑，将能够延伸到金融服务领域，这也是顺丰不断布局金融业务的底气和信心所在。

2020年，顺元商业保理（天津）有限公司设立，公司注册资本5000万元，由顺元融资租赁（天津）有限公司全资控股。天眼查信息显示，顺元商业保理（天津）有限公司为顺丰的三级子公司，最终受益人为顺丰创始人王卫。

2020年，顺丰在半年度报告中指出，公司已完成了从单一的快递业务向综合物流供应商转型，并具备了金融、政企等行业的解决方案及供应链服务能力。不过，相较于快递业务，金融业务的规模还较小，王卫的金融梦仍有很长一段路要走。

3. 顺心捷达和顺丰快运

2018年，顺丰投资17亿元，收购了新邦物流71%的股权，在此基础上注册成立广东顺心快运有限公司，新邦物流原有业务和资产均合并到新公司，顺心快运推出独立品牌“顺心捷达”，进军快运领域，并在广州召开新公司品牌发布暨合伙人招募大会。

同王卫先前一直坚守的直营模式有所不同，顺心捷达采取的是加盟制，也是顺丰旗下的第一个全国加盟快运网络。依托顺丰品牌，借助加盟模式，顺心捷达在全国范围内迅速起网，发展势头迅猛，增速达同行的2～3倍。

顺丰2019年年报数据显示，截至2019年12月31日，顺心捷达已拥有6000多个加盟网店、171个直营场站（总面积41万平方米），快运网络已覆盖全国294个城市、1851个区县，初步形成全国性的网络布局。2019年下半年，顺心捷达累计货量同比增长229%，单日货量最高达1.1万吨，在全网型加盟平台中位居第六。

就在顺心捷达高歌猛进、迅速发展之际，2019年7月，顺丰再次注册成立深圳顺丰快运公司，注册资金5亿元，由顺丰全资子公司深圳顺丰泰森控股（集团）有限公司100%持股，法人代表为顺丰助理CEO黄赟，总经理为顺丰重货负责人黄偲海。公司注册后，就开始以“顺丰快运”的独立品牌展开运营。顺丰快运采取顺丰一贯坚持的直营模式，业务范围包括重货包裹、小票零担、大票零担、重货专运以及相关增值服务等，是更专注于高效解决客户厂仓、仓仓、仓店、电商及日常生活大包裹等具体物流业务场景问题的子品牌。

顺丰快运的发展势头更迅猛，截至2019年，顺丰快运已拥有51个中转场，约1300个网点，面积超过175万平方米的快运场地，1.9万余台收派车，以及1134条快运干线和8170条支线，业务覆盖全国31个省区市、362个主要城市及地区。2019年，顺丰快运日峰值货量突破2.3万吨，实现不含税营业收入126.59亿元，同比增长57.16%，突破百亿元大关。这是顺丰体系内孵化出的第一个营收破百亿元的业务板块，也是顺丰2019年最大的业绩亮点之一。

顺丰快运的良好表现得到了资本的青睐，2020年2月28日，顺丰快运从北京信润恒、CCP、鼎晖新嘉、Genuine、Sonics II、君联景铄等六大机构获得3亿美元融资，采取的是认购可转债的形式。

值得注意的是，顺心捷达和顺丰快运在目标市场上是重合的，且双方在网络资源、运力资源以及场站资源等方面也难免出现重叠，有人戏称："一个是干儿子，一个是亲儿子；顺心捷达和顺丰快运这对兄弟，就是义子与生子之间的较量。"

对于二者的区别，顺丰集团的解释是：

顺心捷达是以加盟制为主的网络建设和商业化运营。顺丰快运是顺丰集团全资控股的直营快运企业。两家企业在业务上是亲密的合作伙伴，同时在市场定位上有明确区别。

顺心捷达：物超所值，以直营品质运营加盟网络，用品质保证性价比。顺丰快运：高效领行，帮助客户应对变化，抓住市场机遇。

从深层次看，顺心捷达和顺丰快运的先后推出，顺丰集团显然有更深的用意。

首先，二者定位不同。顺丰快运深耕顺丰传统的中高端市场，定位高时效、高质量及高体验的市场，而顺心捷达则专注于全网型中低端的电商快运市场，双方在运营模式及产品定位上是互补的。

当前，顺心捷达已入驻京东、拼多多等多个电商平台，而且上线了多平台电子面单。这与顺丰特惠业务的目标群是重合的。顺心捷达在顺丰集团的另一个定位是：打价格战。

2020年4月1日，顺心捷达宣布其电商产品全面升级，且价格低至2折。同日，顺心捷达又宣布上线长三角经济圈产品。该产品服务区域包括江浙沪及安徽（合肥），时效稳定、今发明至；70千克以内门到门一口价，70千克以上定价升级，派费下降50%。

同时，顺心捷达坚持价格打折服务不打折，在线下走货方面做出了“五个100%”（100%及时中转、100%无滞留、100%扫描、100%清仓、100%妥投）承诺，同时享受VIP专属走货通道和VIP专属客服理赔通道。

其次，为了应对复杂的竞争局面。快递行业格局复杂，新入局者层出不穷，价格战频频发起，市场已呈白热化状态，整个行业都面临新一轮的洗牌。顺丰为了获得竞争优势，也采取了多点布局的策略，实现融合发展、四网布局：以航空运力为主导的时效快递网，以顺丰快运为主导的零担重货网，以同城急送为主导的即时物流网，以顺心捷达为主导的电商特惠网。

4. 加盟制快递网络——丰网速运

2020年，极兔和众邮快递相继组建全国快递网络，加入快递战局。

极兔作为印度尼西亚的快递业巨头，自2020年3月进入中国市场，以凶猛的价格战快速抢占了大量市场，起网速度极快，2020年6月，极兔的长途运输汽车数量仅为450台，仅2个月后，极兔就已经拥有78个转运点和1000辆长途运输汽车。极兔无底线的扩张，一度遭到监管部门的处罚和各大快递公司的联合封杀。

众邮快递是京东快递旗下的加盟制快递品牌，与顺丰一样，直营的京东快递价格并不便宜，而重新起一张网，是为了进入下沉市场和低端的电商市场。

面对极兔和众邮快递的来袭，业界一直传闻顺丰也将重起一张加盟制的快递网络。

顺丰自2019年5月以“特惠专配”切入中低端电商市场起，就迅速获得了市场份额的提升，并成为首个破千亿元营收的快递企业。进入2020年，顺丰更是连续5个月业务量增速超过80%，电商业务良好的发展势头更加坚定了王卫重开网络的决心。

“特惠专配”带来的增量，使得顺丰网络的人、车、场等资源所承载的增量很快逼近临界点，产能达到瓶颈后，业务量大幅攀升也拖累整体毛利率快速下降，用高成本资源提供经济件服务的劣势显现，顺丰亟须进一步调整战略。

相比于新增项目，王卫选择采用类似众邮快递加盟制的方式快速起网，再通过与顺丰速运网络的协同作战，以更低的单位成本和中转成本冲击电商市场，这张新网就是丰网。

2020年4月，顺丰联合中金公司斥资1000万元成立深圳丰网速运有限公司，其中顺丰持股80%，并在杭州、武汉分别成立了丰网速运有限公司，由深圳丰网速运有限公司100%控股。同年6月，丰网便取得了国内快递经营许可。

2020年9月，丰网在广州、佛山、杭州、金华、泉州5个城市低调起网。丰网将对标通达系，定位于高性价比、高竞争力的经济型快递加盟网络，提供顺丰快递体系中最低价的产品。

丰网启用后，顺丰将采取电商时效件、电商经济件、电商特惠（丰网）的组合拳发力电商件市场，其中，丰网将主要负责同通达系竞争低端的电商件市场。如此一来，一方面能够强化顺丰良好的品牌口碑，另一方面也能减少其他网络过多参与中低端电商件竞争进而对其利润、服务品质和品牌形象产生的拖累。

丰网速运的加盟门槛颇高，它发给顺心捷达网点的加盟意向书显示，入网条件除了要求加盟商是最基本的法人单位外，还需要具备物流快递行业经验，包括是否有电商仓储客户、快递集包管理、末端拓展经验、3年内对标通达系网点持续投入的资金准备等。

尽管如此，加盟丰网的人仍然接连不断，在华东、华南部分城市试运行期间，部分地区一级网点加盟代理费用被炒到大几十万元。

顺丰官方表示，丰网将是顺丰集团坚定不移的战略，未来顺丰要囊括高中低端的全部快递市场，丰网的定位是时效稳定、服务确定、高性价比的经济型快递产品。

尽管采取加盟制，但丰网具备顺丰集团的基因，未来丰网网络成形后，将与顺丰集团的大网形成有效协同，实现销售和资源的融通，进而在很多环节上可以反哺大网。顺丰方面称丰网继承了客户服务的理念并注重消费者体验，还学习了精细化的管控模式。无论是直营还是加盟快递网络，顺丰都强调其终端竞争力的塑造。

丰网目前建立了高效的自动化系统，根据加盟站点距离、总部分拨的距离，自动计算得出收派、服务、出件量、派件量等加盟站点的考核指标。

2022年，丰网逐步放开了对外部加盟商的大门，在极兔与百世网点融合过程中，由于出现了利益上的分歧，部分不愿意加盟极兔的加盟商纷纷转投丰网的怀抱。而此时丰网速运的CEO周建，此前曾担任过百世的总经理，因此，丰网对百世系的加盟商可谓是多了一些亲切感。

2021年，丰网只是在局部发力，进入2022年以来，丰网一改当初的谨慎态度，扩张速度明显加快，顺丰开始全国发力，从最初的5个试点城市，截至2022年上半年，已覆盖全国19个省市区。

随着未来体量的不断扩大，丰网在顺丰网络体系中的作用也会进一步提升，届时，丰网也会进一步调整市场策略和运营策略。

5. 水大鱼大，同城是趋势

根据艾瑞咨询数据，2016年，我国同城即时配送服务行业的年订单量为46亿单，到2020年已增至210亿单，年复合增长率为46.0%。预计2024年我国同城即时配送服务行业的年订单量将进一步增至643亿单，2020—2024年年复合增长率为32.3%。

正所谓水大鱼大，同城即时配送赛道前景广阔，未来发展值得期待。

谈及同城即时配送，大家的第一印象往往是美团、饿了么之类的同城品牌，商业嗅觉灵敏的王卫也没忽略这一赛道。早在2016年，顺丰同城业务就已在内部上马。王卫认为，顺丰同城的成立是行业大趋势使然，主要在于三个方面：一是消费者生活习惯的改变；二是消费者生活习惯改变带来的对物流配送时效要求的不断提高及需求的旺盛，以往模式难以适应；三是顺丰有团队、技术与客户资源，做同城是顺丰的发展战略。

随着消费者对配送的多元化、个性化需求，对配送时效的要求也越来越高，尤其是同城消费者，原本快递公司提供的当日达、次日达等服务已经无法满足消费者的新消费习惯，同城配送正在向分钟级配送精进。

如果顺丰再用过去的模式做同城，很难实现突破，因此需要新的模式、新的平台。王卫表示，对顺丰来讲，为了更好服务客户，需要在“快”的方向上有新的服务与产品去满足客户当下更高的要求。同时，王卫也称，顺丰做同城具有天然优势，比如有成熟的团队、技术，有品牌信誉度，有客户资源。“我们提出用新的模式去做，即是拥抱趋势，也是顺丰的发展战略，所以顺丰做同城是必然，我们会去做，同时也力求做到最好。”

2019年，顺丰同城开始独立运营，正式发布了“顺丰同城急送”品牌，在全国200余座城市覆盖同城配送网络，将全面覆盖新消费时代的四大主要场景：本地餐饮、同城零售、近场电商和近场服务。

顺丰同城CEO孙海金表示：“希望把同城业务打造成‘基础设施’。”顺丰同城的“基础设施”将满足“五个覆盖”：

第一，全类型客户覆盖。

大中小型客户都要能覆盖。

第二，全品类全场景覆盖。

不只是常规的餐饮外卖配送，各品类都能覆盖。除了商户的配送，个人件取送、跑腿代买等场景也都能覆盖。

第三，全时段覆盖。

以7×24小时的服务能力，覆盖商家和用户各个时段的配送需求。

第四，全城市覆盖。

无论是北上广深还是其他城市，各大中小城市都要能够覆盖。

第五，城市内全区域覆盖。

一个城市，不只是市中心，所有区域都能覆盖。

独立运营后的顺丰同城高速成长，顺丰2020年年报显示，顺丰同城已经形成涵盖商超、生鲜、服装、医药、3C数码、办公急件等全场景的配送体系，服务超过30万商家和1亿个人用户，2020年合作品牌数同比增长超300%，全国网络覆盖已突破500城。

国内权威物流杂志《中国物流与采购》发布的2020即时配送综合排名TOP10榜单显示，顺丰同城名列第三，仅次于美团、饿了么，是第三方即时配送平台服务的第一名。

2021年年初，顺丰同城急送完成了B轮融资，注册资本增加到了7.7亿元。3月，顺丰对其增资了4.09亿元，投前估值为90亿元。

截至2021年3月31日，顺丰同城已占据市场份额的11%。截至2021年5月31日，顺丰同城平台已拥有超过280万名注册骑手。顺丰同城平台注册的商家数量达53万户，用户数达1.26亿。

顺丰同城自2019年起开始独立化、公司化运作，仅仅两年多的时间就迅速成长为国内金字塔顶端的第三方即时配送服务平台。

2021年，顺丰同城启动上市流程，招股书显示，2018—2020年顺丰同城收到的订单量分别为7980万单、2.1亿单、7.6亿单，年复合增长率为208.7%，而同期即时配送服务行业的年复合增长率仅为27.0%。2018—2020年，顺丰同城营收分别为9.93亿元、21.1亿元、48.4亿元，同时期的净利润分别为-3.28亿元、-4.70亿元、-7.58亿元，顺丰同城3年合计亏损15.56亿元，处于巨亏状态，不过顺丰计划登陆的香港资本市场允许亏损企业上市。

2021年12月14日，顺丰同城于港交所上市，股票代码为“9699”，定价为每股16.42港元，约募资20.31亿港元。首日开盘顺丰同城即破发，盘中一度跌超11%。截至收盘，顺丰同城每股报14.9港元，较16.42港元的发行价跌幅9.26%，总市值为34.47亿港元。

对于很多人关心的为何顺丰同城要选择在当时的资本环境下上市，王卫在上市仪式上解释说：“我认为只要走对市场、跟对趋势、有正确的商业定位、有优质的团队资源、有盈利模式，尽管前期可能会波动，但这绝对是一个长远的战略，未来将不断发展出更新的商业模式，解决B2B、B2C、C2C的即时需要。未来我们是要赚钱的，这是企业经营回归商业本质最重要的说明，所以我不只会寄望团队，我也会参与进来，跟团队一起努力。”

顺丰同城执行董事兼首席执行官孙海金在上市仪式上也表示：“很幸运成长为全中国规模最大的第三方即时配送服务平台。我们坚信，作为服务行业，无论大环境和行业格局如何变化，无论产业如何升级，服务好他人就是成就自我！顺势一定会赢！”

顺丰同城作为顺丰体系内孵化出的上市公司，离不开顺丰的支持，王卫表示：“在接下来的整个工作当中，顺丰同城要真正做到——赚钱。即使有新的商业模式、靠科技推动行业发展衍生的很多新的场景出现，我们也要赚钱。为什么？大家都不知道接下来的时间会发生什么，但可以赚钱就是一个最重要的说明，赚钱说明‘企业经营回归商业本质’。”

顺丰同城尽管处于亏损状态，但资本市场看重的是其高成长性和长期价值，从这一视角看，顺丰同城的上市称得上是水到渠成。

6. 扩张“三板斧”：并购、投资、合资

王卫在寻找顺丰第二增长曲线的路上，可谓不遗余力，除了通过顺丰自身探索拓展业务外，王卫在扩展版图上还有“三板斧”：并购、投资、合资。

（1）并购

自2018年以来，顺丰进行过三次大标的并购行动。

第一，收购新邦物流。

2018年，顺丰出资17亿元收购新邦物流71%的股份，并将新邦业务和资产并入新成立的顺心快运公司，以“顺心捷达”品牌独立开展快运业务，主要定位于电商快运业务，同顺丰快运形成“双网一中台”的协同效应。

2020年以来，顺心捷达和顺丰快运都保持了高增速，2020年“双11”，顺丰快运、顺心捷达单日货量双双突破了历史高峰：11月12日，顺丰快运单日货量达45224吨，顺心捷达单日货量也达到了23837吨。

第二，收购DHL在华供应链业务。

2018年10月26日晚，顺丰发布了一则重磅公告，宣布与国际物流三巨头之一DHL成功达成战略合作协议，顺丰将以55亿元的价格收购DHL在中国内地、中国香港和中国澳门地区的供应链业务100%

的股权。

DHL作为最早进入中国的国际物流巨头，业务范围包括快递业务、全球货运和供应链业务，覆盖全球 220个国家和地区，拥有全球化程度颇高的递送网络。

通过此次战略收购，将能够帮助顺丰补齐短板，丰富产品线，积极拓展供应链市场，而且顺丰也能获得DHL在品牌授权、科技、培训、客户、供应链管理能力等方面的支持。

顺丰董事长王卫现身发布会，并且特意穿了顺丰上市时穿的服装，王卫称："今天是顺丰发展的一个里程碑，标志着顺丰从快递公司正式进入供应链公司。"王卫还表示："通过与DHL 集团这家全球领先的公司合作，将会帮助我们达成全球发展的愿景。"

此次收购行动，大幅提升了顺丰在供应链业务上的收入。2019年，顺丰供应链业务实现收入49.18亿元，同比增长高达1128.09%。2020年上半年，顺丰供应链业务收入29.57亿元，恢复正常增速，同比增长仍高达60.46%。

第三，获得嘉里物流控股权。

2021年2月，顺丰计划斥资收购嘉里物流；4月，成功获得市场监管局反垄断批准。嘉里物流是一家拥有多元化业务及亚洲网络覆盖的国际第三方物流服务供应商，隶属于香港郭氏家族，创始人为郭鹤年。嘉里物流为香港上市公司，业务涵盖一系列供应链解决方案。顺丰表示，收购嘉里物流将进一步提升一体化综合物流解决方案能力，完善国际业务的战略布局。

2021年上半年，嘉里物流营收为367.09亿港元，同比增加68%；净利润为15.3亿港元，同比增加81%。其中国际货代业务的净利润为14.37亿港元，同比上涨279%。

值得一提的是，嘉里物流在海南布局逾30年，早在1987年就成立了海南分公司。2020年12月17日，嘉里物流宣布将在海南自由贸易港海口综合保税区建设保税物流中心。

嘉里物流总裁马荣楷曾对外表示："我们对海南免税消费的前景非常有信心。凭借毗邻东南亚地区的地理优势，我们的新保税物流中心将有效协助现有客户开拓海南免税销售渠道并捕捉新的商机。"

王卫正是看中了嘉里物流在离岛免税业务方面的潜力，才决定对其进行战略并购。

历时7个月，顺丰于2021年9月28日成功收购嘉里物流，其全资子公司已完成对嘉里物流9.31亿股股份的收购，此次收购股份约占嘉里物流已发行股本的51.8%，顺丰共斥资约175亿港元（约合146亿元人民币）控股嘉里物流。

（2）投资

2014年起，顺丰加大了对关联公司的投资力度，2018年顺丰对外投资达到高峰，这一年投资数量为12个。

从投资行业分布看，顺丰的对外投资都是围绕其主业进行的（见图7-1），截至2021年3月，顺丰物流仓储行业的投资数量为15个，企业服务领域的投资数量为11个，电子商务领域的投资数量为6个，物联网和人工智能领域的投资数量分别为4个和2个。

从投资轮次分布看，战略投资次数最高，共11起；其次是天使轮，共9起。

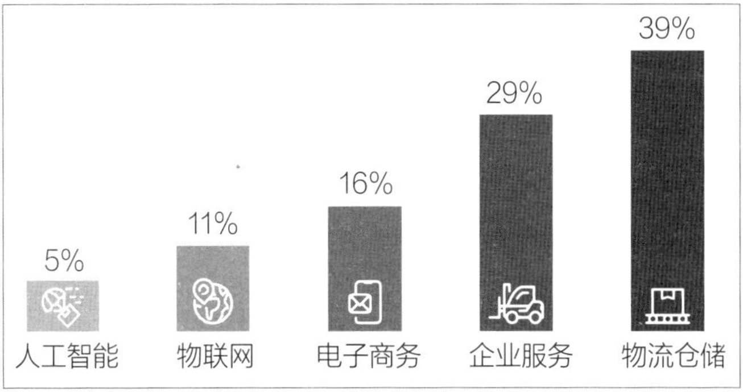

图7-1 顺丰对外投资行业分布及占比

（3）合资

除了直接并购和投资入股外，王卫拓展版图的另一个路径是强强联手，同外部优质合作伙伴设立合资公司（见表7-1），共谋发展。

表7-1 顺丰对外合资项目

时间	合资项目
2017年5月	顺丰宣布同UPS在香港成立合资公司，共同开发和提供国际物流产品，聚焦跨境贸易，拓展全球市场。2018年，该合资公司推出了经济型国际快递产品“SF-UPS直运＋”，将从美国扩展到全球市场
2018年6月	顺丰和中铁快运成立合资公司中铁顺丰，其中，中铁快运持股55%，顺丰持股45%。这一合作让顺丰掌握了高铁货运资源
2018年8月	顺丰控股与美国夏晖集团宣布在中国成立合资公司新夏晖，以充分发挥双方在冷链物流领域的优势

总体来看，顺丰基本上延续了UPS、FedEx、DHL等国际物流巨头走过的扩张之路和扩张模式，即通过并购、投资、合资等举措补齐短板，强强联合，拓宽业务边界，筑牢“护城河”，强化企业竞争力和生命力。

7. 跨国发展：进入国际公司的门槛

世界级的物流企业都在提供全球化的物流服务，要成为世界级的物流企业，首先要拥有全球化的业务布局。

顺丰曾被人称为“中国的联邦快递”，成为像联邦快递一样的国际物流巨头也是王卫的梦想。王卫曾指出：“其实，一个快递公司进入跨行业发展领域之后，就意味着上了一个台阶。我认为一个快递企业有两个阶段：一个是跨行业发展，一个是跨国家发展。如果能做到这两点的话，就意味着它已经开始进入国际公司的门槛。”

早在2010年，顺丰便开始积极拓展国际业务，试水国际市场。一方面，帮中国企业“走出去”；另一方面，也能将海外优质商品“引进来”。

顺丰在国际业务的拓展上，主要有两种模式：

第一，自营模式。

同国内业务模式类似，顺丰在日本、韩国、新加坡、马来西亚、美国等国家的重点城市投资设立了自营网点并配置收派员直接提供服务。截至2016年3月31日，顺丰拥有海外网点22个。

第二，轻资产模式。

顺丰在海外并不进行网点、设备、人员等重资产投入，而是与当地快递物流服务运营商合作，由其负责顺丰在该区域的揽收、投递、中转、派送等工作，这类海外业务顺丰并不负责自主运营，但会配置相应的业务监控团队，负责海外的业务管理。目前，顺丰借助轻资产模式，已建立了覆盖全球的快递服务网络，其国际快递服务通达蒙古国、俄罗斯、爱沙尼亚、越南、泰国等全球200多个国家和地区。

此外，随着跨境电商的发展，自2014年起，顺丰还同Post NL、PostNord、Australia Post、DPD等国际物流公司及万国邮政联盟成员展开合作，开展跨境B2C业务：前期由顺丰负责收件、理货、航空运输等环节，中转地/目的地环节则由合作公司负责给终端客户派送。

当前，顺丰国际业务提供的服务类型详见表7-2。

表7-2 顺丰国际业务类型

业务类型	服务内容
国际标快业务	提供高品质门到门国际快递服务，各环节均以最快速度进行发运、中转和派送，并提供正式报关服务
国际特惠业务	提供经济型国际快递服务，定价较国际标快产品更低，针对时效要求不敏感的客户寄递需求
国际小包业务	面向跨境电商客户，通过整合国际航空运输、各目的地国家清关及优质派送相关资源，提供中国至各服务国家的跨境物流服务
集货转运业务	包括集货转运进口与集货转运出口两种模式。其中，集货转运进口系顺丰为我国广大海淘用户提供的集海外仓储、跨境运输、清关及末端派送上门于一体的一站式物流服务；集货转运出口是为满足我国港澳台地区及海外地区买家在国内电商和线下商家购买商品的需求而提供的代买家在内地收货，以及按照买家的指令将代买家收到的包裹配送到买家指定的港澳台或海外地址的相关服务

截至2018年年底，顺丰国际业务已经实现不含税营业收入26.3亿元，同比增长28.7%。国际标快业务、国际特惠业务涉及美国、欧盟、俄罗斯、加拿大、日本、韩国、印度、巴西、墨西哥、智利等54个国家，国际小包业务覆盖全球225个国家及地区。2019年，顺丰加速推进国际化进程，加大了对东南亚市场的投入和拓展力度。

2019年3月6日，顺丰出资400万美元战略投资缅甸物流公司KOSPA，获得25%的股份并进入其董事会。注资完成后，顺丰与KOSPA形成深度合作关系，将帮助KOSPA巩固其在当地市场的领导地位，同时将KOSPA的服务拓展至顺丰的物流解决方案、快递和跨境交付方面。

2019年3月中旬，顺丰与印度尼西亚Triputra集团等本土企业共同成立了新合资公司，以共同推进印度尼西亚在线电商和快递物流市场的发展。

2019年4月19日，顺丰全资子公司SF Overseas与香港上市公司金源米业旗下全资子公司Affluent Woods共同出资近700万新加坡元，成立合资公司GS EXPRESS，其中金源米业股权占比为61%，顺丰股权占比为39%。合资公司将主要用于开拓越南的物流速运市场，目标是打造越南市场最有价值的物流综合服务商。

早在2016年，顺丰就已开通中国至缅甸的国际标准快递业务。2017年，顺丰泰国分公司及曼谷分部正式投入运营，顺丰的网点开始覆盖新加坡、马来西亚、越南、泰国4个东盟主要国家。

2020年，顺丰国际业务实现不含税营业收入59.73亿元，同比增长110.40%，占总营收比例3.88%，成为公司增速最快的业务板块。

在2021年半年报中，顺丰国际快递业务保持持续增长，业务覆盖海外78个国家及地区，2021年上半年，新开通泰国至欧洲、中国内地至南非、巴西至中国内地等 8 条跨国物流线路。

作为国内物流行业的巨头，尽管顺丰同联邦快递、UPS等国际物流巨头尚有较大差距，尤其是公司营收规模、航空运力和全球快运网络上，但已经出海的顺丰，相信将来会借助自身的品牌、运营、科技以及空运网络等优势，在东南亚创出一片新天地，希冀王卫的跨国物流巨头梦终有一天会实现。

第八章

平台战略：打造一个超级物流平台

我认为，

做企业的目的不是赚钱，

我是想做成一个平台，

通过这个平台可以实现我的价值和理想。

—— 王卫

1. 平台赋能：把快递的能力注入其他行业

王卫说："我认为，做企业的目的不是赚钱，我是想做成一个平台，通过这个平台可以实现我的价值和理想。"

王卫的平台设想已经变为现实，如今的顺丰早已不再是单纯的快递公司，除了传统的快递、速运业务，顺丰还开拓了快运、冷运及医药、同城急送、供应链及国际业务等新业务。王卫表示："顺丰的未来，不仅仅有快递，我们会把快递的能力注入很多行业里面去，继续做深做强。"

顺丰2021年年报显示，顺丰传统业务持续增长，其中，公司时效快递业务实现不含税营业收入961.6亿元，同比增长7.3%。经济快递业务实现不含税营业收入322.7亿元，同比增长54.7%。

此外，快运、冷运及医药、同城急送、供应链及国际业务等新业务收入合计达到752.5亿元，占顺丰控股总营收的比例已达36.3%。以上新业务，已成为顺丰传统业务外新的增长引擎。

（1）快运业务

顺丰保持顺丰快运、顺心捷达双品牌运营，加快了顺丰快运直营网络与顺心捷达加盟网络的业务融合，持续优化业务结构与服务体系，积极拓展大票、长途整车、城市货运等场景服务，扩大业务服务范围，打造行业服务高标准。

顺丰2021年年报显示，2021年顺丰快运业务实现不含税营业收入232.5亿元，同比增长25.6%。截至2021年年底，顺丰快运直营及加盟网络业务覆盖全国32个省区市、365个主要城市与地区。共计拥有180个中转场及集散点，超1570个快运集配站，合计场站面积超过416万平方米，单日零担货量峰值达7.4万吨。整体大件及零担货量同比增长47.8%，其中直营网络货量增长48.7%，加盟网络货量增长45.6%，货量增速在行业全网型万吨级别中连续保持领先。

（2）冷运及医药业务

经过多年布局，顺丰已经建立了全国性食品冷链网络，依托于强大的运输网络、领先的仓储服务、智能的分仓解决方案、专业的温控技术和先进的系统管理，为客户提供专业、安全、定制、高效的全程可控冷链服务，业务覆盖食品行业生产、电商、经销、零售等多个领域。2020年8月，在中国物流与采购联合会冷链物流专业委员会发布的2019中国冷链物流企业百强榜中，顺丰冷运高居榜首。

2021年，顺丰冷运及医药业务实现不含税营业收入78.0亿元，同比增长20.1%。冷运及医药业务主要包括生鲜寄递、食品冷运和医药物流3个板块。

第一，生鲜寄递。

2021年，顺丰生鲜寄递服务覆盖超过4000个品类的特色农产品，运输件量同比增长30%。

第二，食品冷运。

打造了冷链“3＋1”骨干网（仓网/干线/末端配送＋省际网），目前服务已开通193个城市，覆盖全国1061个区县，拥有34个冷仓、超23000辆可调配冷藏车。

第三，医药物流。

截至2021年年底，医药物流网络覆盖271个地级市、2443个区县，拥有16个医药仓、52条医药干线、292辆GSP标准认证冷链车，并依托快递大网，为客户提供端到端医药物流供应链解决方案及服务。

（3）同城急送业务

顺丰同城以客户需求为中心，致力于打造优质、高效、全场景的第三方即时物流平台，通过帮送、帮取、帮买、帮办服务，为C端用户一站式解决所有本地生活需求，已形成涵盖餐饮、商超、生鲜、服装、医药、3C数码、办公急件等全场景的配送体系，服务超过30万商家和1亿个人用户。

顺丰2021年年报显示，2021年顺丰同城急送业务实现不含税营业收入50.0亿元，同比增长59.1%。顺丰同城现已成长为中国规模最大的第三方即时配送服务平台。

（4）供应链及国际业务

第一，供应链业务。

2018年8月，顺丰控股与美国夏晖集团宣布成立新夏晖，顺丰成为新夏晖的控股股东。新夏晖拥有夏晖物流在世界范围内超过40年的冷链物流经验，是供应链管理的标准制定者。

入股新夏辉，是顺丰继收购DHL中国内地和香港供应链业务之后，在供应链领域的又一次重大整合，完善了顺丰的供应链尤其是冷链物流资源。结合企业DNA（数字化、标准化、产品化），顺丰打造并逐渐完善聚焦于帮助企业客户更好地实现直达消费者（D2C）新增长需求的解决方案。大数据决策、智慧供应链和全渠道经营三大标准化和模块化的数字化产品体系不断优化迭代，并已在快消零售、鞋服美妆、高端工业制造等行业的世界500强企业和成长型企业中快速推广。

第二，国际业务。

顺丰国际业务涵盖国际快递、国际电商、国际货代、国际仓储、集货转运服务，可根据客户需求量身定制包括市场准入、运输、清关、派送、仓储、系统在内的一体化的进出口供应链解决方案。例如，2020年10月，顺丰免费将蒙古国捐赠给中国的首批4000只活羊运输入境，借助强大的运营网络与资源调度能力，圆满地完成了跨国运输任务。

顺丰2021年年报显示，截至2021年年底，国际快递业务覆盖海外84个国家及地区，较2020年年末新开通中国至沙特阿拉伯、南非、埃及、肯尼亚、摩洛哥等国11个流向；国际电商包裹业务共覆盖海外225个国家及地区；在全球多个国家具有自营清关口岸，整合自营和代理资源，服务辐射美洲、东南亚、欧洲等主要地区。2021年，顺丰供应链及国际业务实现不含税营业收入392.0亿元，同比增长199.8%。顺丰国际快递及顺丰丰豪、新夏晖的供应链业务本年度取得较快增长，同时，自第四季度起将嘉里物流合并，进一步扩大公司国际业务及综合物流业务规模。

未来，顺丰的发展战略是打造一个覆盖快递、快运、冷运、医药、同城、仓储、供应链及国际业务等业务的超级物流平台。

2.“天网＋地网＋信息网”三网合一

顺丰在2020年年度报告中指出：顺丰网络覆盖国内外，包括由全货机、散航、无人机组成的空运“天网”，以营业服务网点、中转分拨网点、陆路运输网络、客服呼叫网络、“最后一公里”网络为主组成的“地网”，以及由大数据、区块链、机器学习及运筹优化、自然语言处理、智慧物流地图、物联网等组成的“信息网”，“天网＋地网＋信息网”三网合一，形成国内同行中网络控制力最强、稳定性最高，也最独特稀缺的综合性物流网络体系。

经过多年前瞻性布局，独特稀缺的智慧物流网络已成为顺丰的核心竞争力之一，顺丰构建的“天网＋地网＋信息网”三网合一的综合物流服务网络，使其在业内已具备领先优势。

顺丰在三网布局和三网合一上已经远远领先于国内竞争对手。

（1）天网

天网，是以航空为代表的空运物流系统，主要覆盖距离大于1000公里的区域。2009年，顺丰航空成为我国第一家民营货运航空公司。

当前，顺丰航空是目前国内运营全货机数量最多的货运航空公司。截至2021年，顺丰航空共运营全货机86架，其中自有全货机68架，包括2架波音747、12架波音767、37架波音757、17架波音737。

拥有飞行员590名，其中机长263名，副驾驶327名。

顺丰航空是国内全货机数量最多的货运航空公司，形成了“全货机＋散航＋无人机”互为补充的天网体系。无论是全货机数量、航线数还是运输能力均在业内保持领先。航空货运的领先发展，为顺丰打造高时效快递优势提供了基础支撑，也为顺丰积聚了高品质的客户。

未来，随着顺丰专门打造的鄂州花湖机场（亚洲第一个专用的货运枢纽机场）的启用，顺丰可以实现2小时航程覆盖占全国GDP 90%以上的城市，实现更多城市互寄次日达，届时，将具备更强大的航空运力。

（2）地网

地网，则以铁路、公路、快递柜为代表，分别覆盖800～1000千米、800千米以内及解决最后100米的配送问题。

地网方面，当前，顺丰在国内已拥有3万多个合作点、1.5万多个网点、500多个中转场、170个不同类型仓库、9.7万条运输干支线以及29万名收派员。截至2019年年底，顺丰拥有近2万辆快运收派车，已建成覆盖全国的快递网络，并向全球主要国家拓展。

顺丰还和中国铁路总公司（现国铁集团）成立合资公司，联合开发“高铁极速达”“电商班列”等铁路运输产品。截至2019年第一季度，顺丰“高铁极速达”产品已覆盖国内57个城市，开通272个流向，“高铁顺手寄”产品覆盖34个城市，开通69个高铁车站。

天网与地网的融合为顺丰构建了货物全球流通的运输网络，强化了公司在时效上的优势和竞争力，稳固了顺丰与商家的合作关系。

（3）信息网

信息网，则是顺丰自主研发的智慧网平台，用来推动物流全链路的信息互联互通，为公司多元业务发展打造智慧化的坚实底盘。

我们知道快递从揽件、运送、网点仓库、分拨中心到异地运输、派件等各个环节，都会涉及数据的录入存储调用、路由规划、定位监控等大量信息处理。据悉，顺丰日均数据计算量已超1PB（PB是计算机存储容量单位，全称为“Peta Byte”），业务数据量超35PB，这些数据的处理离不开顺丰功能强大的信息网。

顺丰在信息化建设方面一直走在行业前列。早在2003年，王卫就以每台7000元的高价从韩国引进巴枪（重达2千克/台），这是顺丰最早的终端信息设备。巴枪主要有三个功能：打印凭条、运单、发票，它成了每个顺丰快递员的标配。每名快递员都有其专属的巴枪，它是带有业务员个人ID的信息入口。

2018年4月，顺丰宣布已与怡亚通等8家供应链企业及其子公司签署股东协议，共同成立超级大数据公司，首任董事长由顺丰掌舵者王卫担任。近年来，顺丰通过运用区块链、大数据、人工智能等技术，研发智慧网平台，包括顺丰物流各项核心营运系统、顺丰地图平台、大数据平台、信息安全平台、智能运维管理平台等。

在信息网的建设过程中，顺丰一直坚持科技创新，持续不断地进行科研投入。截至2018年年底，顺丰已获得专利1645项，软件著作权649件。在整个收派链条中，都体现了顺丰强大的科技实力。比如通过系列智能设备的投入，顺丰可以采集整个物流链条海量端到端数据，并利用大数据和云计算技术，为智慧决策、网络规划、人工智能等打下基础；仓储环节，顺丰已在打造自动化仓库，2019年陆续投入运营；中转环节，顺丰大量中转场都采用了自动化设备，同时在国内首个投入重货全自动分拣，大大提高了操作效率；运输环节，顺丰也推出车货匹配平台，能够充分融合社会化运力，同时在无人机的研发和商用上，也居物流行业领先位置。

顺丰副总经理、董秘甘玲表示，拥有“天网+地网+信息网”三网合一的独特核心战略资源，顺丰布局得比较早，所以具有先发优势。

3. 供应链：供应当下，链接未来

顺丰更大的故事和平台在于供应链，如王卫所言："顺丰未来致力于提供综合物流服务，所针对的不是4000亿传统快件市场，而是12万亿大物流市场。"

很多年前，马云的菜鸟就试图借力顺丰，因为顺丰具备通达系根本不具备的供应链基础。

值得一提的是，从2019年3月起，顺丰在月度经营快报中开始将供应链业务收入单独列示。

根据企查查显示，深圳顺丰泰森控股（集团）有限公司参与控股和投资的供应链相关公司有10家。仅在2019年，顺丰就注册成立了6家供应链公司（见表8-1，顺丰同城亦有供应链业务）。

表8-1　顺丰旗下的供应链公司

公司名称	成立时间	注册资本/万元	经营状态
深圳市顺丰供应链有限公司	2013年10月22日	70000	存续（在营、开业、在册）
深圳市顺恒融丰供应链科技有限公司	2016年10月11日	10000	存续（在营、开业、在册）
深圳丰朗供应链有限公司	2017年11月30日	3000	存续（在营、开业、在册）

（续表）

公司名称	成立时间	注册资本/万元	经营状态
上海丰湃达供应链有限责任公司	2019年1月16日	2600	存续（在营、开业、在册）
上海好驷驹供应链管理有限公司	2019年1月29日	2000	存续（在营、开业、在册）
顺丰同城控股有限公司	2019年2月1日	42500	存续
顺丰共享精密信息技术（深圳）有限公司	2019年5月20日	3000	存续（在营、开业、在册）
杭州双捷供应链有限公司	2019年6月11日	5000	存续
中顺信特安供应链有限公司	2019年8月13日	10000	开业
上海顺丰冷运供应链有限公司	2020年6月18日	1000	存续（在营、开业、在册）

2020年春节，新冠肺炎疫情暴发，所有企业都面临一场“供应链应急”能力考验，而顺丰自建供应链平台的重资产模式在疫情下展现突出的稳定性，也让我们看到了顺丰供应链能力的强劲爆发。

2020年，顺丰供应链业务实现营收（不含税）71.04亿元，同比增长44.45%，成为顺丰继时效快递、经济快递、快运业务之后的第四大营收来源。

2021年4月，顺丰DHL供应链正式改名为顺丰供应链，此举向外界释放了一个明确的信号：供应链领域将是顺丰下一片驰骋的沙场，顺丰将进一步发力供应链。

在2021年4月9日举办的顺丰投资者交流活动中，董事长王卫、数字供应链解决方案CMO徐前等高管参加。此次会议，顺丰高管团队向投资者透露了顺丰数字化供应链的行业解决方案——顺丰在打造科技解决方案上沉淀了三大DNA：第一是标准化，第二是数字化，第三是产品化。顺丰的数字化供应链和传统供应链有非常大的区别，传统供应链将消费者作为下游，而顺丰将消费者作为上游，把下游当作一个个需要撬动改革数字化的节点，致力于通过提供独立第三方的大数据和科技行业解决方案，助力企业实现直面消费者（D2C）的数智化经营。

传统企业渠道拓展困难，多类渠道下难以管控且费用较高。而顺丰能够帮助企业培育全渠道经营能力，解决一盘货库存，不光从大数据和信息系统搭建角度提供服务，更依托独特物流基因将其落地，希望帮助合作的 150 万家中小企业和头部的数百家企业做到在合理的供应链总成本下实现更大的生意。

顺丰过去一年服务于零售、工业制造、 快消品、鞋服美妆、医药等行业，实现了一定的技术收入、数据积累和有效的客户忠诚度，未来将全面聚焦八大行业，帮企业从成本供应链向收入供应链转型，在不断优化供应链关键指标的同时寻找最佳平衡点。

投资交流会上，王卫对投资者关心的关于顺丰供应链的两个问题做出了解答。

问

供应链市场和包裹市场最大的不同就是产品很难标准化，公司能否克服供应链困难？

答

公司会提炼很多供应链的场景出来，变成标准化、模块化后，通过系统快速复制产品和增长量。公司做好头部客户是为做腰部客户做铺垫，做好腰部客户就是为大众客户去做铺垫的，这样才有希望。客户认为时效更快后对他整体的效益更大，而并不是考虑供应链是一个成本。

问

针对2B企业的供应链数字化投入，预计的营收目标是什么？未来预期多少年内有可能成为营收贡献的主要来源？

答

第一，供应链数字化投入正在做规划，公司从2017年开始就进入供应链，并尝试用新的方法、快递的方法，或者说经营的不同维度、五大价值的维度去做供应链。公司现在有五六个行业做得比较出色，行业中的头部客户已经可以亮出来。

第二，公司已经准备从头部客户复制到腰部客户了，目前腰部客户还是处于需要打磨的阶段，具体项目需等打磨阶段成功之后再对外发布。公司真正对外发布或宣讲要在腰部客户阶段，目前每个行业都在不同的阶段，等每个阶段都成熟以后，从头部到腰部，继而会在腰部客户阶段实现爆发。

正如王卫所言，顺丰的供应链业务的头部客户已经遍及各个行业，顺丰供应链结合了DPDHL（德国邮政敦豪集团）领先的供应链经验及顺丰在本地市场的丰富基础设施和客户基础，为跨行业企业客户提供优质的一体化供应链解决方案，业务覆盖中国内地、香港及澳门地区。当前，顺丰供应链已深入汽车及工业制造、消费品及零售、生命科学与医疗、快消品与零售、高科技、化工、能源等细分领域，拥有超500家客户、超150个仓库运作站点，运营面积超百万平方米。

例如，在柳州某汽车生产基地的顺丰供应链团队就拥有员工约1300人，拥有运输车约40辆，管理仓库面积约45万平方米，管理汽车零件种类超4.5万种，供应链服务自动化率超36%。作为入驻汽车生产全链条的第三方智慧供应链提供商，顺丰供应链是该基地的外包供应商之一。

顺丰通过自建、并购、重组等方式，扩大供应链业务和海内外网络覆盖范围，通过科技手段协同多元化业务，实现资源集约化及运营效率提升。未来，顺丰的供应链一体化综合物流解决方案将遍布3C、汽车、家电、电子、医药、美妆、电商、零售等各大领域，为行业客户提供贯穿采购、生产、流通、销售、售后的高效、稳定、敏捷的数字化、一体化的供应链服务。

4. “四网融通”：快递、快运、丰网、仓网

2021年3月，顺丰在2020年度业绩发布会上提出了“四网融通”的概念，以此作为企业未来经营方向和发展目标。根据顺丰相关负责人的介绍，“四网”主要是指顺丰大网（直营时效网）、丰网（快递加盟网）、快运（顺丰快运+顺心捷达的大件网）和仓网。

前三网在前文中都已经介绍过，本节讲一下仓网。

2014年年初，顺丰开始全面规划仓储网络建设，并成立仓配物流事业群，旨在全国范围内提升网购消费者的购物体验。

2015年9月22日，顺丰集团仓配物流事业群在上海举办“我们推动的仓网时代——2015电商物流高峰论坛”，可以看出顺丰将大举进军仓配领域。

“仓配”究竟是一个怎样的概念呢？顺丰仓配CEO曾治平进行过形象的解释：“过去人们体会到顺丰的‘快’，主要指的是‘速运’，顺丰用庞大的飞机运输队，将快递从一个城市运到另一个城市。当然，这样做在快的同时成本也很高。但是，如果货物就在你身边呢？比如你在上海向北京一家电商买的东西已经事先放在了顺丰在上海的仓库中，你下单之后即使是用小汽车运，速度也比飞机快得多。‘单未下，货先行’，这就是‘仓配’的核心理念。‘仓

配’做得好，‘火车能比飞机走得快’。”

作为顺丰裂变后的五大业务事业群之一，顺丰仓配与传统的顺丰速运并驾齐驱，主攻电商和海淘，是顺丰战略布局的重心。2015年，曾治平对媒体记者称：“顺丰为仓网准备多年，已基本建成了覆盖全国的电商仓储配送体系，形成以RDC/DC（配送中心）为骨架、全国范围的调拨转运能力为血脉、大数据支持的信息系统为神经的仓网格局。在全国完成7个RDC的布局，以及53个一、二线城市的布仓，配以数万网点，覆盖全国2500个区县，实现90%城市24小时送达。”

顺丰仓配的产品主要涵盖电商专配、云仓产品、增值服务三大板块。对于顺丰仓配的未来发展趋势，曾治平描述道：“从无仓到单仓，再到多仓，现在致力于推广云仓，最终实现天下皆仓。”

截至2019年6月底，顺丰在全国已拥有 145 个不同类型的仓库（包含新夏晖冷链物流中心），面积近 180 万平方米，业务覆盖全国 100 多个重点城市，形成辐射全国的仓储服务网络，为近千家客户提供专业、高效、高质量的仓储服务。顺丰仓储已具备服务日用百货、鞋服、3C数码、美妆、跨境等业务形态的能力，并在市场竞争中多次获得行业头部客户的认可。

顺丰“四网融通”的整体思路是两端分、中间合。即客户接触端会按服务性质和标准来区分，直营和加盟要区分；中间场地融通建设，“四网”的场地尽可能实现物理上同园区。

2021年，顺丰推行“四网融通”项目（见表8-2）。

表8-2 “四网融通”项目

项目	详情
场地融通	将快递和快运的中转场、集散点，以及仓库按“同场地、同园区、同区位”3种类型择优布局建设，场地位置整合有利于协同操作及运输线路融合。2021年实现一、二线城市281个场地的融通，三、四线城市162个场地的融通
中转融通	将20千克以上的大件快递，逐步剥离至快运的中转场操作，对大小快慢不同类型的快件匹配不同的营运操作模式，减少快递场站的大件占比，提高快递小件分拣效率。2021年释放快递中转场产能约4亿票，有助于减少相关中转场的投入
运输融通	一方面整合低效线路，提升装载率；另一方面增加干线的直发和提频线路，提升快运网络的陆运时效，以满足承接大件快递的时效要求。2021年共完成1600条干线融通，单趟载重提升超1吨；同时推动快运产品平均全程时长缩短3个多小时
末端区隔	末端实行派件区隔，大件逐步划由快运网络派送，快递小哥派送大件的占比下降50%，减轻了他们的劳动强度，保障了快递业务时效；丰网速运的加盟站点实现自派142个城市，减少了对直营快递站点的依赖，有效降低了派送成本

顺丰2021年上半年财报显示，目前已在全国100多个城市全面启动速运、快运、仓储网络及加盟网络的场地、线路等资源整合优化，截至2021年6月，速运网络的大件快递大部分货量实现与快运网络融通处理，整合干线约1200条，约占干线线路的5%，未来还有进一步整合优化的空间。

5. 鄂州花湖机场：超级航空物流平台

常见的运输服务模式分为直达和集拼，直达即点对点运输，从运输的角度来看，点对点运输是时效最快的方式，但同时会导致装载率低，从而带来较高的单件运输成本。集拼则需要改变运输策略，将“点对点”方式进行串联，再进化为“轴辐式”，进而实现“点到枢纽，枢纽到点”的运输方式，通过这种方式可以将固定的运输成本摊销至更多的货物，从而降低单件运输成本。

顺丰作为国内首家具备航空运力的民营快递公司，在国内航空物流领域始终居于领先地位，但随着快递业务量的不断增加，顺丰以往“点对点”的散航运输模式越来越凸显出运力和效率的不足，还会对顺丰快递的时效稳定性产生不利影响。

因此，顺丰迫切需要将运输模式由“点对点”升级为“轴辐式”，这就需要依托专门的航空货运枢纽，扩大货机规模，提高全货机货运量占比，降低散航运输模式带来的不确定性影响。UPS、联邦快递等国际物流巨头采用的都是轴辐式航线网络系统，即由航空货运枢纽作为中转枢纽汇总之后统一调度，从而提高航班载运率，降低航运成本。

比如，美国田纳西州的孟菲斯国际机场就是联邦快递的超级枢纽所在地。根据国际机场理事会（Airports Council International，ACI）提供的数据，2020年，孟菲斯国际机场以461.34万吨的货运吞吐量全球排名第一，被誉为“航空货运之都”，该航空枢纽每天约有450架次进出港货机，其中，联邦快递处理了该机场99%的航空货运量。

孟菲斯位于美国经济地理的中心，能够与公路、铁路、水路相连接，联邦快递全球99%的货物都能直接通达孟菲斯航空枢纽。联邦快递几乎所有的扩张和运转都是围绕着其全球核心枢纽为中心的轴辐式网络来进行的，枢纽层级定位非常明确，机队按照洲际、区域以及支线多层级衔接建立起一个高效的运转网络。

在国际上，不管是联邦快递基地机场所在的孟菲斯还是UPS基地机场所在的路易斯维尔，建设超级快递枢纽都是国际快递巨头的成功经验之一。联邦快递+孟菲斯国际机场是全球航空物流领域的成功典范和标杆。以国际物流巨头为标杆的王卫，也在积极规划顺丰的航空货运枢纽。

2015年10月，顺丰集团与湖北省就顺丰机场计划落户鄂州事宜达成一致。2016年4月，国家民航局正式批复鄂州民用机场（2021年定名为鄂州花湖机场）选址报告，同意将鄂州燕矶作为推荐场址。

2017年，顺丰借壳上市成功，募集来的80亿元资金，主要用途就是采购飞机和建设鄂州民用机场。同年12月，顺丰与湖北省人民政府签订《关于湖北国际物流核心枢纽项目合作协议》，顺丰子公司顺丰泰森与湖北交通投资集团有限公司、深圳市农银空港投资有限公司签署《湖北国际物流机场有限公司合资合同》，顺丰泰森以自有资金出资23亿元参与设立湖北国际物流机场有限公司，其中顺丰泰森持股比例为46%，鄂州民用机场的建设和运营将由机场合资公司全面负责。

2018年2月，国务院和中央军委正式发布国函同意新建鄂州民用机场。2019年年底，顺丰在湖北鄂州新建民用机场的可行性研究报告得到了国家发改委的批复。从国际机场建设历史来看，鄂州民用机场是全球第一个由物流企业参与投资的货运机场。

根据顺丰集团提供的数据，鄂州民用机场项目总投资320.63亿元，是亚洲第一个、世界第四个专业货运枢纽机场，预计到2030年，该机场货运吞吐量将达到330万吨、旅客吞吐量将达150万人次。

预计到2025年，鄂州花湖机场转运中心规模将达到67.8万平方米，2045年将进一步扩容至117万平方米，超过了目前UPS在路易斯维尔机场世界港48.3万平方米转运中心规模。该转运中心设计每小时货物处理能力为50万件，也超过了联邦快递目前孟菲斯转运中心47.5万件的货物处理能力。

2020年8月30日，鄂州民用机场东跑道实现全线贯通，这家机场还有一个名称——顺丰机场。

2022年3月19日晚间，顺丰航空一架波音757-200型全货机平稳降落鄂州花湖机场，标志着鄂州花湖机场实地验证试飞圆满完成。顺丰航空表示，这是我国首次以全货机机型完成新机场的试飞工作。未来，顺丰航空将以鄂州花湖机场为核心，逐步打造覆盖全国、辐射全球的航线网络。

鄂州花湖机场于2022年7月正式通航，白天主要满足客运需求，夜间主打航空货运。机场1.5小时飞行圈可覆盖包括长三角城市群、珠三角城市群在内的我国五大国家级城市群，辐射全国90%的经济总量、80%的人口。而且，鄂州花湖机场的建设，对我国货运机场来说也称得上是一个破冰之举，过去，我国机场多是综合性机场，并没有以货运功能为主的机场。

随着鄂州花湖机场的投入运营，顺丰建立起了一个超级航空物流平台，进一步筑高航空货运上的竞争壁垒，巩固行业龙头地位。

6. 重金投入研发，构筑“护城河”

王卫曾表示：“科技是我们的信仰，顺丰主要的竞争对手是谷歌这样的科技企业。”

加快科技驱动，建设数智化供应链服务能力是顺丰向综合型物流服务商转型的重要依托，王卫指出：“顺丰要成为数据科技服务公司，物流只是我们的一个手段。”

早在2013年，顺丰内部人士在接受《理财周报》记者采访时就指出：“顺丰本质上是一个IT公司，一个大数据公司。”彼时，顺丰14万名员工、每日数以百万计的快递量都在有条不紊地运转，而支撑起顺丰高效运行的秘密武器就是顺丰自主研发的数据中心系统。该系统运营中心有一支2000人的高素质团队，能够对顺丰遍布全国的5000多个网店、工作人员以及包裹信息进行实时监控和管理，实现了物流、信息流、人流和资金流的无缝对接，高效运转。

顺丰的数据能力离不开研发投入，从创新层面衡量，顺丰每年都会投入重金用于研发，是快递行业研发投入最高的企业。统计数据显示，2016—2019年，顺丰投入的研发资金分别为5.61亿元、11.67亿元、21.56亿元、25.65亿元，呈高速增长趋势。研发人员方面，2018—2020年，顺丰拥有的研发人员数量分别为5139人、5058人、6089人，分别占当期员工总数的3.80%、4.41%、4.99%，占比逐年上升。

年报显示，2020年，顺丰科技投入资金为42.73亿元，比2019年增加6.05亿元，增幅为16.49%。其中，研发投入30亿元，同比增长16.97%。

顺丰投入的巨额研发资金主要用于各项智慧物流建设，旨在通过人工智能、物联网、机器学习、智慧物流地图、智能设备等技术的综合应用，引领物流进入智能化、可视化、精细化、数字化的新时代，提升运作效率，助力企业价值升级。

顺丰在人工智能、大数据、机器人、物联网、物流地图等科技前沿领域进行了前瞻性的布局，拥有领先的物流科技能力，构筑了独特的核心竞争力。以人工智能技术为例，顺丰构建了超大规模AIoT感知平台，提升了精细化运营水平，打造出具备独特优势的“人+AI”SaaS产品，以助力顺丰线下数智化管理。

此外，顺丰还构建了稀缺的“天网+地网+信息网”三网合一的综合物流服务网络，在物流、包装、安全管理等诸多方面实现了智慧化。一方面，可以赋能内部经营，提升网络效率，推动智慧物流全面升级；另一方面，也能够赋能行业客户，助力客户降本增效，形成开放共赢生态圈，助力产业转型升级。而顺丰的智慧物流直接提升了其客户服务效率和客户满意度，顺丰的总体客户满意度已连续多年位居快递行业第一。

至2020年，顺丰已获得及申报中的专利达3112项，软件著作权达1593件，其中发明专利数量占专利总量的56%。

2021年10月14日，全国工商联发布了2021民营企业研发投入500家榜单，华为、阿里巴巴、腾讯列前3位，顺丰为唯一入围前百强的快递企业，列第62位，另一家入围500强的快递企业中通排名为第

450位。在“2021民营企业发明专利500家榜单”中，顺丰列第298位，另一家入围的快递企业百世，列第461位。

当前，整合了物流无人机、智能设备、智慧决策等硬件设备与技术的智慧物流能力，已经成了顺丰的核心竞争力。

顺丰长期巨大研发投入所获得的各项成果已经开始赋能企业业务的各环节、各产品，提高了效率，节约了成本。例如，在电子面单、智能设备、自动分拣、机器图像识别、智慧地图、智能投递箱等设备与技术的应用下，一件快递“下单—揽件—中转—运输—派件”，整个流程将变得越来越快。数据显示，近年来顺丰终端快递小哥的人均效能已由80件提升至100件左右。而且，快递环节的科技成果还可以推广延伸到顺丰重货、冷运、同城、国际业务等新业务中，实现降本增效。

顺丰的大数据和云计算技术，还可用于综合物流服务领域，为客户提供仓储管理、销售预测、大数据分析、金融管理等一揽子解决方案，增强市场竞争力。

此外，顺丰在重金购买大型固定翼货运飞机的同时，还在加紧研发各类型无人机，打造“大型有人运输机+支线大型无人机+末端小型无人机”三段式空运网，以实现36小时通达全国的目标。

王卫曾在股东大会上表示：“如果短期的利润承压能换来长期的竞争力，有机会将顺丰打造成为市场上不可或缺的选择，顺丰愿意调低未来1～2年的利润率预期，这是重要的战略。”

顺丰的高额研发科技投入，短期内会压缩公司利润，但换来的则是长期的竞争力，在科技赋能下，顺丰已探索了快运、冷运及医药、同城急送、供应链及国际业务等新业务。根据顺丰2020年年报，这些新业务收入合计达到412.37亿元，占总营收比例达26.8%。

反观通达系快递公司，至今仍严重依赖传统快递和电商平台。再对比极兔无下限的价格战，顺丰通过牺牲短期利润、投入高额研发成本布局未来的战略，格局和眼界上都更胜一筹。相信未来，顺丰的平台会越来越大，“护城河”会越来越宽！

第九章

统御之道：爱心，舍心，狠心，恒心

员工要尊重，给他尊重；

要收入，给他收入。

当他月收入上万元，他会要你2000元的手机吗？

如果有人真拿2000元的手机，

我会不计代价地去查，500元也往下查。

人性都是趋利避害的，弄清这点，

即便是40万人，也没什么难管的。

—— 王卫

1. 王卫：管理顺丰员工只用这一招

顺丰的员工应该怎么管？

王卫的回答是："员工要尊重，给他尊重；要收入，给他收入。当他月收入上万元，他会要你2000元的手机吗？如果有人真拿2000元的手机，我会不计代价地去查，500元也往下查。人性都是趋利避害的，弄清这点，即便是40万人，也没什么难管的。"

总结来说，王卫的管人之道就是物质上满足，精神上尊重。

经营企业，关键是经营人，经营人的要旨在于把握人性，然后想方设法满足人性。马云有番话讲得很到位，即员工的离职原因很多，只有两点最真实：第一，钱，没给到位；第二，心，委屈了。

王卫的观点与马云的观点如出一辙，即要从物质和精神上满足员工的需求，顺应人性。王卫在谈到员工管理时说："对于管理几十万人的公司，自己没有特别独到之处，只是将管理回归到人性的本质上来。"

（1）让员工挣到钱

马云喜欢讲梦想，称阿里巴巴从事的是一项伟大的事业。当时，马云振臂一挥，说："从现在起，我们要做一件伟大的事情。我们的B2B将为互联网服务模式带来一次革命！因为失败可能性极大，我们必须准备好接受'最倒霉的事情'。但是，即使是泰森把我打倒，只要我不死，我就会跳起来继续战斗！至于将来具体要做什么，我自己还不知道，我只知道我要做一个全世界最大的商人网站。”

其实，马云也不是空谈梦想，他还指出：“理想和收入你都得有，软硬两手抓——光讲收入的话，人家一定能把你的员工挖去；光讲理想，一开始可以，当大家饿了，还是走了。所以你在理想到实践的过程中，要确保收入也是每年在提高。”

王卫则更直接，他曾讲过：不要和员工谈梦想，让员工挣到有面子的钱才实在。

王卫言行合一，在顺丰借壳上市当天，身价大涨的王卫没有忘记顺丰员工，自掏腰包向顺丰全体员工发了红包，最低都是1888元。

顺丰员工的平均收入远远高于同行。据《2020年全国快递员基层从业现状及从业满意度调查报告》，国内有超五成快递员月收入不超过5000元，月收入超1万元的仅占1.3%。而根据各快递公司公开的薪资数据，2018—2020年，快递企业员工年薪总体有所提升，其中顺丰员工的人均年薪最高，2020年平均年薪超过了20万元，人均月薪接近1.7万元。

企业领导者要一手抓梦想，一手抓收入，两手都要硬，缺一不可，关键要让员工能够赚到钱。

（2）给予员工充分的尊重

员工的物质需求只是一方面，他们还有精神上的需求。

对当下的员工，尤其是90后、00后员工，他们成长在物质基础相对比较好的环境中，进入职场后，除了关心能否赚到钱之外，他们更关心工作是否开心，是否受到了尊重。这就解释了为什么有些企业即使给了员工高于市场价的薪资也还是没能留住人才。这也从侧面说明了当前员工需求的多元化。

任何人都不是仅仅围绕着物质利益而生活的，员工也不仅仅是为了金钱而工作的。对员工而言，除了基本的物质需求外，他们还有获得情感上的关怀和尊重的需求。

员工的情感变化会影响其工作态度、工作热情及工作方法以及合作程度，从而影响整个部门、团队的发展。因此，仅仅依靠一些物质手段激励员工，却忽略了员工深层次的情感需求，是远远不够的。情感力量是一种内在的自律性因素，犹如一只“看不见的手”，可以深入员工的内心世界，有效地规范和引导员工的工作。

据统计，在人员平均流动率28.6%的国内餐饮行业，拥有超过14万名员工的海底捞，人员平均流动率居然不到8%。原来，海底捞一直倡导的都是“用兵之道，攻心为上”的管理方式，注重对员工进行周到的情感经营，倡导“双手改变命运”的价值观，为员工创建公平公正的工作环境，实施人性化和亲情化的管理模式，给予员工充分尊重，提升员工满意度，促进其自我价值的实现。

据了解，在海底捞，员工达到一定级别和工作年限后，公司甚至会给其父母发放“父母补贴”，让父母一起分享孩子的成绩和荣耀；所有员工租住的都是正规小区公寓，房间内配有电话、电脑和空调等设施，如果员工是夫妻，还会安排单独房间；冬天在暖气开通之前，海底捞还有专人为员工灌热水袋，在员工下班前放进他们的被窝；只要勤快肯干，海底捞的每个基层服务员都有成为店长甚至地区经理的机会……

马云认为管理的核心在于“抓住人性的本真”。这并不是一个空泛的口号，而是阿里巴巴自创立来一直自上而下践行的HR管理精神内核。对于员工，马云曾这样表述：“我们对进来的员工都给予他们三样东西，一是良好的工作环境（人际关系），二是钱（今天是工资，明天是资金，后天是每个人手中的股票），三是个人成长。”

王卫强调“员工要尊重，给他尊重”，精神上重视每个员工，包括其价值观、成就导向和职业发展。同时，在经济收入中也体现为优厚的待遇。这样就会形成一种良性循环，员工对企业产生归属感，企业的口碑也越来越好，吸引更多优秀的人才加入。在王卫看来，快递员是顺丰的核心资产，也是最可爱的人，他们日复一日地送包裹铸就顺丰物流帝国，所以要对快递员保持尊重。

2.顺丰的薪酬制度和激励机制

2020年12月，2020中国年度最佳雇主百强榜单发布，报名参与此次评选的企业有6万余家，其中顺丰名列百强榜单第6位，这是顺丰连续第9年获得“中国最佳雇主”的称号。

恰逢获得该荣誉之际，顺丰又发布公告，除正常工资和加班费外，决定给予春节期间（除夕至年初三）的值班员工额外发放超1.5亿元的特殊激励金，并采用当日在岗、次日发放的方式进行发放。

在获得“最具发展潜力雇主”奖的企业中，有55.6%的员工表示打算在目前公司工作“5年及以上”，而在未获奖企业中，这一比例仅为46.1%；在获得“最具发展潜力雇主”奖的企业中，有39.6%的员工表示“涨薪多少都不跳槽”，较未获奖企业高出近10个百分点。

公司与员工的关系是相互的，公司成就员工，员工自然也会成就公司，发自内心努力工作，为公司创造更大价值。

王卫将顺丰打造为最佳雇主，同其具有竞争力的薪酬制度和激励机制密不可分。

（1）完善的薪酬体系

为了激发员工积极性，王卫是快递行业首个采取计件工资制的老板，对于快递这个劳动密集型行业而言，计件工资简单而有效，可以充分调动员工的积极性。

宅急送创始人陈平曾把顺丰的薪酬体系比作泰康人寿的保险代理制。他说："顺丰的收派员和企业是分配关系，不是劳务上下级关系。这就是王卫聪明的地方，当年收权，他没有全收。当时是加盟老板不听话，他把老板收了，老板底下的员工我就容忍你，只要你听我话就行了，歪打正着了。王卫是这样的人，只要你威胁我的生存，我就要想办法治你，除此之外我不管你。这样不管还好了，所以你看他现在7万多个收派员全是个体加盟，自己管自己，挺好。"

王卫当初采取的计件工资制，已经发展为顺丰更为完善的全面薪酬体系。员工薪酬包括直接薪酬和福利两个构成部分，其中，直接薪酬又包括工资（实行绩效工资）和奖金（包括季度奖金和年终奖），福利又包括经济性福利（夜班补助、饭补）和非经济性福利（弹性工作制、内部晋升）。

（2）晋升通道

新东方创始人徐小平是电影《中国合伙人》最初剧本的作者，在很多人看来，徐小平就是剧中孟晓骏的原型。

徐小平的这个剧本，要表达的核心理念就是，每一个人在中国都能通过自己的努力，找到自己的上升通道，实现个人梦想。剧中的成东青（被对号入座为新东方的另一个创始人俞敏洪）代表着那个时代所有的人，包括马云、柳传志、张朝阳、丁磊，也包括海归李彦宏等，他们都是从无到有，从一文不名到打下自己一片天地的人。

通常，在人类文明社会里，社会个体若想获得更多，唯一的办法就是通过学习和劳动，通过掌握知识和技能，通过工作、创业来获得报酬，实现个人价值。不过，仅凭这些主观努力似乎还远远不够，年轻人所面临的社会上升通道还不够宽广、普遍、畅通，甚至是过于崎岖，过于艰险。徐小平甚至坦言："如果现在社会的上升通道都被堵住了，那么就不会出现马云、柳传志以及俞敏洪这些创业传奇人物了，因为实际上，他们都是从平民子弟上升到如今这种层级的。"

寻求上升通道，是人的一项本能，也是人类文明的基本追求。人类从树顶上、山洞里走到地面上来，希望过得好一点、得到多一些、愿望实现得多一些，这就是上升通道。文明社会里唯一的上升通道就是通过学习和劳动、知识和技能去得到更多的东西。

在企业组织里面，员工同样有上升的需求，企业只有设法满足员工的这种需求，才能激发起员工的斗志和工作积极性。

顺丰鼓励并帮助员工在组织内部得到全面的自我发展和自我实现，坚持以人为本的管理理念，即便一线的快递员也有很大的发展晋升空间，通过努力工作和管理潜能的发掘，快递员也能在公司中不断升值，并非"一日做快递员，终身做快递员"，极有可能晋升到管理岗位。

顺丰超过一半的管理者都是从一线员工筛选、提拔起来的，只要具备管理能力，就不受年龄、学历、工龄的限制。数据显示，截至2021年6月初，顺丰在职的2.1万余名管理者中，由收派岗（大类收派岗，不止收派员）培养和发展而来的多达1.1万余人。

（3）培训机会

据美国某权威机构数据，企业培训的投资回报率一般在33%左右。比如，摩托罗拉公司向全体雇员提供每年至少40小时的培训。调查表明：摩托罗拉公司每1美元培训费可以在3年以内实现40美元的生产效益。摩托罗拉公司认为，素质良好的公司雇员们已通过技术革新和节约操作为公司创造了40亿美元的财富。摩托罗拉公司的巨额培训收益说明了培训投资对企业的重要性，这是一项稳赚不赔的投资。

从另一方面讲，企业员工也都希望企业在培训上慷慨大方。在某公司进行的一次培训需求调查中，有98%的员工希望公司能提供培训机会。

培训能增强员工对企业的归属感和主人翁意识，就企业而言，在员工培训上越大方，对员工就越具有吸引力，越能发挥人力资源的高增值性，从而为企业创造更多的效益。百事可乐公司对其深圳分公司270名员工进行的一次调查显示，这些员工几乎都参加过培训，其中80%的员工对自己从事的工作表示满意，87%的员工愿意继续留在公司工作。

顺丰历来注重员工培训，公司内部建立了员工入职、员工晋升、员工再教育的“顺丰大学”人才生态培训体系，培训体系及培训内容向顺丰所有从业人员开放。快递收派员、后台客服、区域经理、总部职能人员等各岗位、各角色员工均能在培训体系中得到成长与历练。

顺丰为各个层面的员工提供广泛的培训与就业机会，特别针对在校及应届毕业生设置了大学生培养项目，增强初入社会群体的适应能力。顺丰内部设有岗位导师制度，为大学生匹配合适的导师，导师在整个培养项目过程中均会提供相应指导，包括负责指导大学生的历练转型、解答生活或工作上的迷惑、评估及反馈大学生在培养项目中的表现等。

顺丰非常重视员工与企业共同成长，建立了基层、中层、高层不同维度的领导力培训体系，并将培养与实践相结合，使员工在培养中学习如何领导团队，在实践中塑造自身领导力。

第一，基层领导力培训——新丰计划。

新丰计划培训形式为线上线下相结合，通过线下的管理场景、业务场景、产品/服务形成场景化历练任务库，学员自主选择历练任务，并结合已有的场景化课程与培训案例，形成自己的历练输出。

第二，中层领导力培训——远丰计划。

远丰计划培训形式是线上学习、线下集中学习、标杆学习相结合，并通过线上测试、案例PK、大赛评比、月度绩效考评追踪的形式，持续确认学习效果。培训内容主要为赋能学员领导力、解决学员面临的领导力挑战与困难、培养具备客制化解决方案能力的高效协同经营管理团队。

第三，高层领导力培训——领丰计划。

领丰计划培训通过举办线下学习交流班的形式，交流管理与业务心得，发掘业务痛点与机遇点，促进各业务组织间的互相理解及能力融合，使高层管理人员在日益激烈的竞争中保持领先的市场洞察与客户理解能力。

3. 王卫的“心法四诀”

王卫表示，顺丰的管理理论体系只是企业管理的外功，还有一套心法，这才是最重要的，否则就很容易在管理上走火入魔，这就是企业管理的内功。

王卫的这套企业管理内功，就是“心法四诀”：爱心、舍心、狠心、恒心。

（1）爱心

王卫对员工的爱心，不是伪装出来的，而是发自内心的。

2019年4月12日晚间，王卫在顺丰内部聊天软件“丰声”上发表了一段耐人寻味的话：“有员工说我变了，我在自我反省，反省了很长一段时间后，我有了结论，不是我变了，只是上市后我还没有适应过来，太看短期了，没有坚定我对员工和客户的初心，可能这就是根本原因。我绝对没有因为上市后就变王老板了！我反而更希望像以前一样自由，而不希望员工对我的看法或对公司的情感都变了，公司内部的氛围都变了，更急功近利了。”王卫还进一步指出：“我们的小哥除了上市那时候的红包以后好像就没有得到好处，我每月都在努力完成上市的对赌承诺，就没有想过大家，为了完善上市公司的合规，还做了一些调整，想想真很差劲，我对不起大家！特别是我们前线的一哥，所以在这段时间我必须放下眼前和短线的利益，员工的幸福才是我王卫长期努力的方向，尽管公司有压力，但我必须要坚持去做对的事。今天我在这里请所有的员工做证，我还是顺丰的王卫！还是你们的总裁！我会尽力去做！”

致力于为员工的幸福而努力，只是王卫爱员工的一个表现，王卫还强调，爱心的前提是同理心。如何才能具备同理心，了解一线员工的工作和疾苦？只有深入一线。王卫经常扮作收件员甚至实习生深入一线，亲自体验员工的工作和生活，而不是作秀。王卫指出：“业务体验的意义不仅仅是让管理层不脱离业务，时刻保持对基层情况的掌握和敏锐度，而是在精神层面上，业务体验也很重要。它让公司的每一名员工都知道：管理层不是高高在上、永远坐办公室的，也要走到前线，不管是总监、总经理，哪怕是总裁，都要做业务，这对于增强公司的凝聚力有很大作用。业务体验没有‘备胎’，要长期坚持下去。就我个人来讲，每次下去体验都会带来不同的震撼，这种震撼也有很多让人沉重的地方。”

王卫深入一线，意图在于时刻提醒自己，要多站在员工的立场为他们谋福利，多从他们的立场出发去关爱他们。

顺丰还推出了“50岁以上小哥横向岗位转型计划”“优秀小哥家属福利险”“荣誉体系优化”等员工关爱项目。除了提升收入、人才培养之外，顺丰在员工身心健康关怀方面，如畅通员工沟通渠道、施行多元化的福利关爱等举措方面同样值得同行借鉴。

比如，通过“主动＋被动”“线上＋线下”等相互补充的方式，多渠道、全方位聆听一线员工声音和诉求，并力求高效解决，诉求解决率超过97%。

又比如，顺丰工会按照“四好”和“五有”要求开展“会站家”一体化建设。截至目前，共计建立“职工之家”482个、“职工书屋”317个、文化宣传栏800余面、“爱心妈咪屋”37间、心理解压室27间。

（2）舍心

舍心，即指舍得。在顺丰，最大的舍得就是王卫对员工的福利待遇，舍得同员工分享。

2020年8月28日，王卫再次自掏腰包，共计给员工发了5亿元现金，每个员工888元，快递小哥、前台小妹、客服小妹、清洁工阿姨全部都有。发红包之后，王卫还给大家写了一段话：“今年的疫情涝情让我们经历了巨大的挑战。感谢大家在挑战中冒着风险、坚守岗位，为客户、为社会履行了我们的承诺。也因为大家的付出，我们才赢得社会各界人士的尊重，这都是大家用血汗和生命的风险赢回来的尊严，这个荣耀属于每一个顺丰人。你们在国家有需要的时候挺身而出，你们展现了人性的光辉。”

舍得同员工分享，再加上直击员工心坎的话语，员工领略到了王卫的大舍、大爱。

王卫曾这样自问：“人们可以对自己的孩子‘舍得’，为什么就不能对员工‘舍得’？假如领导者对员工的爱心是虚伪的，那么面对很多可以给予、慰劳员工的机会，他们也不会珍惜。”王卫认为，领导者只有具备了真正的爱心，才会产生对员工的舍心。

（3）狠心

在王卫的观念中，人性需要什么，就给员工什么。员工需要公平，就给他公平。员工需要多劳多得，就要帮他算得清清楚楚。

尊重、关爱和发展机会都要提供给员工。不过，给予要有底线，就如同父母不能只是宠爱孩子，有时也要有“狠心”。

王卫指出：“我并不是百分之百赞同用刻板的机制管理员工，

我觉得自己平时舍得下，也有一股狠劲儿。增加可能出现的偷窃成本，是顺丰抑制员工盗窃行为的方法之一。然而，一旦出现非黑即白的事件，我们也是‘打得狠狠的’，顺丰内部用‘奖金猎人’的方式调查员工是否有偷窃行为。”

管理是一种严肃的爱，仅仅有爱心还不够。就如同亨利·法约尔所说：“在管理方面没有太死板和绝对的东西，这里全都是尺度问题。”因此在管理员工的问题上，一定要掌握好“度”，既要有爱心，也要有狠心，不是越严越好，也不是越宽松越好，二者要充分结合。

（4）恒心

恒心，即坚持，坚持以上心法。在有了卓有成效的管理方法后，最重要的一点就是坚持。

王卫认为，“心法四诀”是环环相扣、层层递进的（见图9-1）。

图9-1 王卫“心法四诀”

只有一层层地去落实，才能产生积极的效果。只有将前面的心法修炼好，才能通过后面的考验。王卫称：“恒心作为最后的心法，让你保证整个过程的连贯性，这样才会成功。”

4.王卫管理的法宝：经营五元素

在王卫介绍的顺丰管理理论体系中，经营五元素是一个重要的构成部分，它们分别是质量、品牌、市场占有率、利润与抗风险。王卫指出：“犹如金木水火土相生相克，（经营五元素）必须保持平衡，在某一环节上投入过多就会打破平衡。”

从五行相生相克的角度看，经营五元素的逻辑关系为：质量是五要素的起点，质量生品牌，品牌生市场占有率，市场占有率生利润，利润支持抗风险，抗风险再保证质量，如此循环往复（见图9-2）。

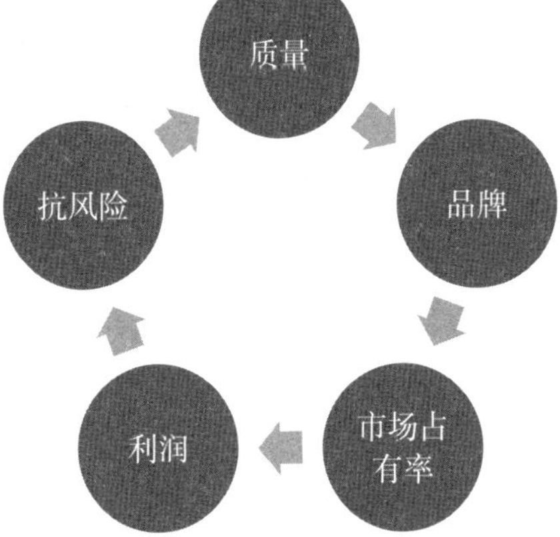

图9-2 经营五元素

（1）质量

质量是经营五元素的起点。顺丰创立之初，在服务质量上同竞争对手并没有明显差异，后来出于扩张考虑而引进加盟商，让顺丰的服务质量参差不齐，并没有统一的服务标准。

“削藩收权”运动是顺丰发展史上的重要转折点，由加盟制改为直营制，总部加强了对各个分公司、网点和快递员的管控，制定了统一的服务标准和质量标准。为提升服务质量和服务效率，王卫还在快递行业率先出巨资采购巴枪等专业设备，用来武装一线快递员。服务标准逐渐成形，顺丰成了“高质量”的代名词，在全程时限、运输时限、投递时限、72小时准时率等维度的综合表现在国内快递行业领先。

（2）品牌

区别于竞争对手的服务质量，让顺丰有资本去服务中高端客户，定位中高端的差异化经营战略也让顺丰把其他同业者远远地抛在了身后。而对大部分消费者来说，国内众多的快递公司也开始有了分类，即顺丰快递和其他快递。

“顺丰能够走到今天，有一点和其他快递公司不一样，那就是差异化的竞争策略。我们所提供的快递服务和自身的市场定位，与其他快递公司是不太一样的。”王卫说，“在快递行业，赢得口碑和市场满意度是相当重要的。”

良好的口碑和市场满意度给顺丰带来了良好的品牌效应，顺丰服务好、时效快、安全性强的高端品牌形象逐渐形成，深入人心。

（3）市场占有率

良好的口碑和市场满意度会吸引越来越多注重服务、时效和安全的客户，顺丰在中高端市场的占有率越来越高，进一步打开了B端市场，将不少大企业发展成固定客户，在商务件市场逐渐形成统治地位。

不仅商务件，顺丰在总体市场占有率中也节节攀升。根据第三方尽职调查数据，2012年顺丰集团收入210.18亿元，3年时间差不多翻了一番。从市场份额看，顺丰在民营快递公司中的市场占有率最高。截至2012年，顺丰集团的经营规模仅次于国企中邮速递，市场占有率为20%，“三通一达”中，申通的市场占有率为12%，圆通为10%，韵达为8%，中通为6%。

（4）利润

顺丰和其他快递是两种快递，从业务构成来看，顺丰在商务件领域是统治地位，通达系则有更多份额的电商快递，二者差异化竞争。顺丰服务中高端客户的直营模式，收获了商务件市场的高利润，通达系则靠加盟制，用低成本快速扩大规模，面向电商件，高周转，薄利多销。

商务件市场对应的多是中高端的B端客户，他们对服务质量、安全性和时效性敏感，而对价格不敏感，属高利润的细分市场，这让顺丰获得了通达系难以实现的高额利润。

（5）抗风险

顺丰的经营利润除了回报投资者，还有两大流向：

第一，回馈员工。

由于顺丰专注于中高端的商务件，收费相对较高，因此快递员提成也高于其他快递公司。事实上，顺丰员工的收入远高于行业平均收入，形成的正反馈是：顺丰的服务质量、服务速度、员工收入被视为行业标杆。

高收入带来了高员工满意度。哈佛大学的一项调查研究表明：

员工满意度每提高3个百分点，客户满意度就将同步提高5个百分点；员工满意度达到80%的公司，平均利润率要高于同行其他公司至少20%。

顺丰是快递行业人员流动性最低、员工忠诚度和满意度最高的企业，员工满意度高，自然会更加用心服务好客户，客户满意度也就会提升。

第二，投入研发。

顺丰是快递行业研发投入最高的企业，长期注重研发，让顺丰在大数据、智慧物流领域取得一系列技术突破，又进一步提升了服务质量，反映在客户层面，带来的是更好的服务体验、更高的客户满意度。

以上两方面汇总形成了顺丰的抗风险因素，筑高了顺丰的“护城墙”，拓宽了顺丰的“护城河”，进一步强化了顺丰的竞争优势，形成了良性循环。

此外，在经营五元素下还有层层分解更为细致的五元素行动方案，由每个部门制定与执行。

5. 王卫的人才观

在一场管理论坛上，杰克·韦尔奇就管理问题和同行进行了深入交流。

有人问："请您用一句话来总结通用电气公司最根本的成功原因。"

韦尔奇说："是用人的成功。"

有人问："请您用一句话说明高层管理者最重要的职责。"

他说："就是把世界各地最优秀的人才招揽到自己麾下。"

有人问："请您用一句话概括自己最主要的日常工作。"

他说："将50%以上的时间花在选人用人上。"

有人问："请您用一句话说出自己的最大兴趣。"

他说："发现、使用、爱护和培养人才。"

有人问："请您用一句话说出自己为公司做出的最有价值的一件事。"

他说："是在退休前选定好继任者伊梅尔特。"

有人问："请您用一句话概括自己的领导艺术。"

他说："让合适的人做合适的工作。"

韦尔奇的所有回答，谈的都是用人，用人对于管理者的重要性无须多言。

管理就是通过别人来达成工作目的，管理之道唯在选人、用人与管人，人才是事业之根本。毛泽东同志曾经指出，领导者的责任主要有两条：一是出主意；二是用干部。用干部指的就是人才选用。

在企业用人问题上，依文集团董事长夏华的观点很有代表性："企业说到底是人，管理说到底是借力。失败的领导者以其一己之力解决众人问题，成功的领导者集众人之力解决企业问题。经营企业的过程是一个借力的过程，只有越来越多的人愿意把力借给你，企业才会成功。"

王卫在用人上有自己的独到心得。

（1）人卓越才能管理卓越

王卫指出："人卓越才能管理卓越，如果人不够卓越，那么追求卓越的过程就是一句口号，就不能做到卓越。"

因此，王卫在企业内部亲自授课，激励员工在工作岗位上追求卓越，并制定考核和选人、育人、用人、淘汰人的指标规则。

（2）关于中层干部

中层干部是企业的中坚力量，对于如何管理中层干部，王卫的答案是："我们的中层都是公开竞聘，包括副总裁与区总级别的职位都抛出来竞聘。先通过业绩、管理层评价等指标筛选，然后他告诉我为什么要做，他能做成什么样。我们要做的是将有能力、有意愿的人放到他愿意去的岗位上。"

（3）与时俱进的用人策略

企业在不同的发展阶段，用人策略和用人模式各不相同，王卫深知用人观与时俱进、结合企业发展阶段实情而为的重要性。

第一，创业期。

王卫的员工主要是亲朋好友。首先，由于公司刚起步，吸引力有限，很难从外部招聘到合适的员工，因此，只能从身边的熟人入手。其次，身边人知根知底，信任度更高，沟通起来更顺畅。

第二，成长期。

王卫收权成功后，开始在公司内去家族化，甚至将父亲和姐姐都赶出了公司，顺丰成了王卫“一个人的企业”。该阶段，王卫偏向招聘退伍转业军人，他们执行力、纪律性都很强，适合快递行业的工作性质。

第三，成熟期。

王卫开始从邮政系统引进人才或返聘离退休人员，以充分利用其丰富的行业经验和人脉资源。

第四，规范期。

顺丰上市前后，开始引进职业经理人，推进公司规范化管理进程。

第五，稳定期。

完善用人机制和人才培养机制，在人力资源上培养造血功能，自给自足，形成良性循环。

（4）向“论资排辈”宣战

顺丰上市后，王卫曾在顺丰内部交流平台发表一篇文章。

> 以前看过一部电影，里面的主角说：“老板！我为你工作那么多年，没有功劳有苦劳，没有苦劳有疲劳。”其实我相信这不止电影里的人有这种心态，社会普遍很多人都有这个心态，而且我们公司里也有些人有这种心态，心里想只要我不犯错，老板绝对不会请我离开，同时在公司里面做好人不得罪人，互谅好评，这样子在公司里面就可以长期混下去。还有很多人认为老板信佛的，他慈悲，他对员工很好，他绝对不会下重手的！

我可以很负责地告诉大家："以前可以！今天顺丰绝对不可以！因为以前还没有上市，因为以前竞争也没有那么激烈，还有关键我今天也想通了，对一些钻空子的人仁慈，那就是对想干事、想创造价值、想为公司拼搏的忠实员工不负责任！对想成长的员工不负责任！对我们的股东不负责任！这种潜规则会让我们的顺丰走向死亡！"

所以今天的顺丰，一切围绕"双价"——价值贡献和价值观——底线，在"双价"的基础上才讲感情！

同时我们今天的用人理念出了大问题，很多都讲"论资排辈"，一定要在某个岗位上待多长时间，一定要让旧人先上，这一切都是让我们的人才供给处于被动的原因！要回归到以机制、以创造价值、以贡献分配处益分配晋降！这才是顺丰的因果论。

从字里行间可以看出，王卫对"老好人式"员工以及"论资排辈式"官僚主义的痛恨，并明确表示，顺丰要开始对"没有功劳有苦劳"的员工下重手，在用人问题上开始整顿。

企业其实是一个典型的"成王败寇"的地方，企业管理也就必须以成败论英雄。所以，用人就必须用结果说话，要摆脱没有功劳也有苦劳的"苦劳论"，要避免"老好人式"员工整天兢兢业业、勤勤恳恳，两眼一睁忙到天黑但却没有结果、没有业绩的现象。此类员工不除，留在公司就会成为老员工、老资格，再加以"论资排辈"，久而久之，对公司的危害可想而知。

因此，王卫才重申和强调了顺丰的"双价"用人理念——围绕价值贡献和价值观底线，以员工的贡献值决定升降去留。

6. 王卫：提升内部服务意识

在王卫的价值体系中，企业的发展，是按客户、员工、股东、王卫这样的顺序来排布的。

员工的地位仅次于客户，因为从某种程度上讲，员工称得上是企业的内部客户。在很多新型企业组织中，员工已不再是工具或人力资源，其身份更多是事业伙伴、盟友和合伙人，是企业的内部客户。

领英联合创始人雷德·霍夫曼也指出："新的契约模式，是在预见到雇佣关系变幻无常的基础上，寻求建立信任、投资关系的方法，但与此前牢固的忠诚纽带不同的是，此时双方都在寻求'联盟'中的共同利益。"

成为事业上的伙伴、盟友后，老板和员工之间的关系出现了很多微妙的变化。比如，在办公室里的措辞变了，迪士尼称自己的员工为"演员"，腾讯将自己的员工叫作"内部客户"，星巴克认为"没有员工，只有合伙人"。做事情的方式随之改变，一家之主的作风不见了，比如差遣下属去打饭、冲咖啡等。得到APP和逻辑思维联合创始人兼首席执行官李天田看到下属给罗振宇倒茶，立即制止道："你有更重要的事，罗振宇自己有手。"中通快递公司董事长赖梅松提出："中通不是一个人的中通，是所有人的中通。"员工以合作伙伴的身份加入，赖梅松帮助员工从就业走向创业，同建共享的理念。

有了被认可的身份，就有了尊严，有了归宿。企业和员工之间做出职业承诺，互相成为伙伴、盟友，企业和老板要变身为“服务者”，为内部客户服务。

王卫特别强调内部服务意识，他在《提升内部服务意识》一文中指出：“在顺丰，我们要坚持以人为本的管理理念。这几年，在我们的行动方案里，一直在强调如何提升内部服务意识，因人而变地调整管理办法和改善工作环境。因为我们要成为‘最值得信赖和尊敬的速运公司’，首先要获得的是员工的信赖和尊敬。”

王卫的内部服务举措主要包括：

（1）管理要因人而变

电视剧《大叔的爱》中有一句令人心酸的台词：“不要大声责骂年轻人，他们会立刻辞职的；但是你可以往死里骂那些中年人，尤其是有车有房有娃的那些。”

电视剧台词隐射出的不仅是中年职业人士所承受的巨大压力，而且也反映出了职场新生代的鲜明个性，那些“会立即辞职的年轻人”，即90后、00后员工正在逐渐成长起来，后浪推前浪，成为企业人才后备梯队的主力军。相对善于隐忍克制的70后、80后，他们的价值观、思维方式和行为模式都截然不同，他们思维活跃、个性张扬、不喜管教和约束、自我感觉良好、勇于尝试新鲜事物。

对新生代员工，如果再以传统的管控模式来约束、来压制显然已经行不通，这不单是简单的上下级沟通问题或代沟问题，更是管理理念的转化问题。新生代员工的价值观念和处事方式需要新的管理理念，需要理解他们的做事方式，懂得激励他们，换位思考，用他们的思维方式去分析问题和理解问题，给予他们自主权和能动性，赋能于人才。

王卫指出："17年来，许多60后、70后的同事伴随公司一路走到现在，为公司做了很多的贡献，接下来，我们将看到越来越多的80后甚至90后走上工作岗位，成为我们的接班人。我们会明显地感受到，不同年龄的就业群体对工作本身的认识和个人追求是有很大差异的，这对公司的管理提出了一个挑战，我们所努力要做的，不仅是不断调整管理思路，最大限度地满足员工的需求，还要真正将这些行动方案落实到位。"

在王卫看来，新一代的年轻人进入公司，对公司的管理尤其是基层管理来说是一个挑战，但这同时也是一种机遇。随着就业群体的改变，公司调整就业模式和管理思路的难度和紧迫性增加增强了。但值得庆幸的是，王卫对此早有准备，因为他一直坚持以人为本的管理理念。

俗话说，"人与人不同，花有几样红"。企业总会有不同类型的员工：有的认真负责，有的敷衍了事；有的积极上进，有的不思进取；有的朝气蓬勃，有的暮气沉沉；有的开朗活泼，有的沉默寡言……对他们同样要采用分门别类的管理方法，不可"一视同仁"，否则，忽略了员工个体上的差异，进行"一刀切"式的管理，只会打击他们的积极性。

管理，简而言之，其实就是管人，管人没有固定的方法，要因人而异，面对的员工不同，管理方法也就不同。

管理就像流水一样，常流长存，静止则死。"常流"的一个关键，在于要对员工进行分类管理，管理要因人、因阶段而异。

（2）让沟通无障碍

企业管理中有两个关于沟通的数字。

第一个70%，指企业领导者实际上70%的时间用在沟通上。开会、谈判、谈话、做报告是最常见的沟通形式，撰写报告实际上是一种书面沟通的方式，对外各种拜访、约见也都是沟通的表现形式，所以说有70%的时间花在沟通上。

第二个70%，指企业组织中70%的问题是由沟通障碍引起的。比如常见的效率低下问题，实际上往往是在出了问题、有了事情后，大家没有沟通或不懂得沟通所引起的。

企业沟通中还有个值得注意的“漏斗现象”：一个人通常只能说出心中所想的80%，但对方听到的最多只能是60%，听懂的却只有40%，结果执行时只有20%了。而且，不当的沟通还会让原本简单的问题复杂化。王卫提出：“非常坦白地说，我对现在的这种管理状态也有不满意的地方。比如说，当一些问题暴露反映出来，去跟踪处理的时候，我们会发现其实很多问题并没有那么复杂，只是在沟通的过程中把问题复杂化了。我们很多基层管理者是和公司一起成长起来的，对公司做出了不可或缺的贡献，但为什么还会存在这些沟通上的问题呢？这是因为当就业群体发生改变，管理模式和思路也随之进行了调整的时候，我们却没有对基层管理者进行相对应的指引，如沟通技巧的辅导等，导致出现一些基层管理上的问题。当然，其中也确实有一些是管理者的责任，我们对此会严肃处理。”

沟通问题对企业管理至关重要，让沟通无障碍的前提是，充分重视沟通问题，克服团队沟通中的“漏斗现象”，建立顺畅的沟通通道和沟通机制，实现充分沟通，求同存异。

为了实现无障碍沟通，王卫在企业内部采取了一系列改进措施。

首先，为了让沟通更加顺畅，顺丰内部建立了公开的沟通渠道，在总部层面，审监委和工会均设有员工投诉热线，有专人对相关投诉进行跟进。

其次，不断完善沟通机制，规范问题解决方式。顺丰技术部门一直在研发管理工具，用来提高信息化程度，让个人需求动态能够通过系统跟踪反馈出来。

最后，加强对管理人员的沟通技巧培训，以更好地解决管理层与员工之间的沟通问题。管理和沟通都是讲技巧和艺术的，要杜绝简单粗暴，王卫表示："那种随意'罚、停岗'等低层次的管理手段是要坚决杜绝的。"

（3）科学地完成企业价值观落地

强大的组织必有强大的企业文化，其核心是深入人心的价值观，能够用来规范和指导员工的行为，一个不认同企业文化与价值观的员工，不可能融入企业，不可能为企业的长远发展全力以赴。比如，马云处处强调企业文化，强调阿里巴巴价值观，指出不一定要选最优秀的人才，但是一定要用认同企业文化与价值观的人。

王卫也提出要科学地完成企业价值观落地："在公司快速发展的过程中，顺丰的基层管理者是需要承受很多压力的。这也对这个岗位的基层管理者提出了更高的要求。作为一个合格的基层管理者，要非常理解公司的价值观和我们所面对的就业群体以及我们所从事的这个行业。比如现在地区反映的一些关于基层管理者的管理风格问题，就暴露出我们有的基层管理者对公司价值观并不是理解得很透彻，当然，我们要先反思公司在这一块是否做到位，如果公司没有给他们相关的价值观培训和宣讲，或者对他们的价值观表现没有进行定期评估，价值观里一些对品德的规定没有细化到与工作相关的言行举止中，那我们用什么来要求他们的行为符合公司的价值观呢？价值观决定去留，能力决定上下，如果我们一系列的培训和评估做到位，那些达不到价值观要求的管理者离开现在的管理岗位是理所应当的。”

（4）让最好的员工最快地成长

罗伯特·K. 格林里夫于1977年就在其《仆人式领导》中最早提出了“服务型领导”的概念。

根据格林利夫的观点，领导产生于服务，即领导者首先是一个服务者，必须为整个组织服务，服务型领导的目标是和员工一起成长，帮助员工成长。王卫提出要让最好的员工得到最快的成长：“我们不能苛求每一个基层管理者天生就具有管理才能，而且，公司在发展，我们也不能等待他们慢慢成长，所以我们必须从公司层面来帮助他们以最快的速度成长。”

在顺丰，个人的成长是不靠关系的，自己的命运只掌握在自己手里。员工是因，企业是果，员工成长了企业才能够成长，而在员工的成长过程中，企业还要做到让最好的员工最快地成长。

第十章

王卫：一个危机感很强的人

我是一个危机意识很强的人。

为什么去拼一些创新的东西？

最主要是因为，我们意识到未来会有风险。

不是说等到穷的时候，再去考虑变。

在还有本钱，还可以任性的时候，就要去试错，去尝试。

在这个过程中，10样东西里有1样成功了，

可能这就是规避未来风险的重要业务。

—— 王卫

1. 王卫的危机意识

“你永远不能休息，否则你将永远休息。”这是英特尔公司用来警戒其管理者和员工的。

在市场经济大潮中，企业的生存环境总是瞬息万变，自身资源状况也在不断变化之中，企业发展的道路因此充满陷阱与危机。一方面，随着社会进步，新的科学技术不断涌现，人们的消费需求在不断变化，求新、求优、求廉、求异的心理普遍存在，给企业带来新的危机；另一方面，新的市场竞争对手和新的竞争手段不断出现，任何停留在原有水平上的企业，总会被市场淘汰，这是由客观规律决定的。

据统计，中国民营企业的平均生存时间只有3年。因此，如何生存下去就成了企业最重要的任务和目标。华为总裁任正非就提出：“华为的最低纲领是活下去，华为的最高纲领仍然是活下去。”

我们看到，企业家通常都有很强的危机意识。

在《华为的冬天》中，任正非写道：“十年来我天天思考的都是失败，对成功视而不见，也没有什么荣誉感、自豪感，而是危机感。也许是这样才存活了十年。我们大家要一起来想，怎样才能活下去，也许才能存活得久一些。”

再比如，微软公司著名口号：“不论你的产品多棒，你距离失败永远只有18个月。”又如惠普公司原董事长兼首席执行官普拉特所说的：“过去的辉煌只属于过去而非将来。”

王卫也是一名危机感很强的企业家，“危机感很强”是接触过王卫的人对他的共同评价之一。

在一次采访中，王卫也坦言：“我是一个危机意识很强的人。为什么去拼一些创新的东西？最主要是因为，我们意识到未来会有风险。不是说等到穷的时候，再去考虑变。在还有本钱，还可以任性的时候，就要去试错，去尝试。在这个过程中，10样东西里有1样成功了，可能这就是规避未来风险的重要业务。”

王卫的危机意识，被传达到顺丰经营过程的每一个细枝末节。

（1）“富则变”，而不是“穷则变”

曾有顺丰高管说，王卫如果3个月没有对顺丰进行创新和变革，就会有危机四伏的感觉。王卫对企业的理解就是：“市场根本不相信成功的偶然性，一切的成功都来自必然。”

王卫所言的必然来自其危机感和为此所做的未雨绸缪的安排与变革。

在接受《快递》杂志采访时，王卫谈道：“对于员工创新，我们也是在起步阶段和探讨过程中。我们一直不断追求模式创新，让顺丰一路走在前面。不能为员工或客户带来价值的项目，我们不会做。但是，就像‘嘿客’一样，任何事情在还没有遇到问题之前，要敢于去尝试，因为那时候还有资本和资源去做。走到尽头，你再去‘穷则变’，我不认同。永远是在‘富则变’，而不是在‘穷则变’。”

顺丰自创立之日起，基本上每年都在顺应市场进行变革，唯一不变的就是改变。比如，2002年王卫勇于打破加盟制，强力推进直营制；2003年，于“非典”危机中，果断推进航空运输，让顺丰飞上天；2008年，面对金融危机冲击，王卫又极具前瞻性地筹建顺丰航空，并在2009年使顺丰成为首家拥有航空公司的民营快递企业。顺丰在电商和零售领域的一系列尝试、一系列试错，王卫的电商执念也都源自其危机感。

又比如，顺丰在快运、冷链、重货、供应链、国际业务的试探与扩张，以及投巨资打造国内第一家专用的货运机场——鄂州花湖机场。

再比如，王卫打破“不融资、不上市”的承诺，为顺丰引进战略投资者，不仅让顺丰成功借壳上市，还在顺丰平台上孕育出顺丰同城、顺丰房托、嘉里物流等上市公司。

尽管王卫的某些尝试是失败的，尤其是电商领域的扩张，但是，在航空货运、货运机场、供应链、冷链医药、快运等领域的尝试则是成功的，并在市场占据一席之地，拓宽了顺丰的市场边界，将顺丰由一家快递公司转型为一个超级物流平台，极具前瞻性。

正是王卫的危机意识，使其能够在竞争对手入侵之前，先跑马圈地自建“护城河”，才有机会抢占市场先机，打赢市场保卫战，就如同王卫所讲的那样，“永远是在‘富则变’，而不是在‘穷则变’”。

（2）全员危机感

危机意识如果仅仅是企业领导在提，显然难以发挥实际效应，需要向下传递至企业的每一个层面，每一个角落。例如，华为的危机意识已经成为整个组织的共识，华为已经将危机和压力传递到每一个人、每一道流程、每一个角落。要求“高层要有使命感，中层要有危机感，基层要有饥饿感”。

王卫在公司的内部发言中也强调，员工要具有危机意识、冒险精神，敢于创新、敢于承担，这才是顺丰文化和顺丰精神所推崇的。包括王卫发文对企业内“论资排辈”现象的抨击，都是在给员工制造危机感。

只有通过无遗漏的危机感传递，把危机传递给每一位员工，让员工感受到“狼来了”，让员工头顶悬着“达摩克利斯之剑”，当然，还要让员工看到未来的希望，才能使企业运转机制永远处于激活状态。

2. 王卫的经营理念和价值观

作者比尔·乔治（著名医疗科技公司美敦力的前CEO）在《真北》一书中讲了一个小故事：乔治前去参观一家心脏瓣膜工厂的车间，在操作间，工人需要通过高超的手艺将猪的心脏瓣膜进行处理，以替代人的心脏瓣膜。该车间技术水平最高的工人是一名老挝移民，她一年可以制作1000个心脏瓣膜。乔治问她有什么秘诀时，她满眼放光地回答："乔治先生，我是在完成一些能够挽救生命的产品啊！每当在一个完工的心脏瓣膜上签名之前，我都会扪心自问，自己是否愿意把这个瓣膜放进自己亲人的心脏里。除非我能够告诉自己肯定的答案，否则我不会签名，绝不能让它进入下一个生产环节。因为，只要一个心脏瓣膜出了问题，可能就有患者因此而死掉。"

如果员工意识到了自己工作的价值，理解了工作的深层次意义，他们就会将心注入，竭尽所能，调动自己的所有潜能付诸工作。因为，他们已经明白了工作的意义感和价值感。这种意义感和价值感，是所有伟大公司所共同信仰和推崇的，他们有着非常明确的愿景、使命和价值观，并能将之传递给每一个组织成员。

就如日本"经营之圣"稻盛和夫所言："企业家需要思考企业存在的意义，做企业是唤醒人性的光辉和善，而不是利用人性中的恶。自利则生，利他则久。"

企业家的经营理念和价值观，对整个公司乃至全体员工的影响都是潜移默化、无比深远的。企业竞争，拼到最后就是使命感、愿景和价值观的竞争，没有使命感和价值观的驱使，人很难数十年如一日地坚持，也很难让员工在工作中具备热情、信念和信仰。

因此，企业领导者必须使整个组织的价值观保持清晰，一家公司的价值观是创始人内心的声音，创始人必须能够回答这家公司为什么而存在。只有激励所有员工为这样一个共同目标努力，在共同价值观的框架内，建立共同的信仰和信念，才有可能成就一支战无不胜的“铁军”。

王卫的经营理念和价值观，不仅影响着企业的发展方向，也深深地影响着每一位顺丰人。

（1）顺丰的核心价值观

顺丰的核心价值观是“成就客户、创新包容、平等尊重、开放共赢”。顺丰的客户服务力历来为人称道，快递行业咨询人士龚福照说：“王卫把服务质量、客户看得很重，一切都让位于这两个。”

创新包容、平等尊重、开放共赢，不仅仅适用于外部客户，也适用于内部员工，包括对员工的平等尊重，实现员工和企业的共赢。而且，员工按照这种核心价值观来工作，不仅自己能够从中受益，还能够通过自己的一言一行影响周围的人，让顺丰文化熏陶更多人。

（2）任何成功都不会是偶然

谈到顺丰的发展时，王卫曾经这样说：“坦白讲，我不太相信偶然，为什么会有偶然？因为无知才会相信偶然，突然中了大奖，不知道为什么，就会觉得是偶然。当所有的因果都集中到一起后，你再去比对，你会知道这是必然。我们现在要做的，就是利用顺丰这个不错的平台，把未来很多不确定的看似偶然的东西变成必然。”

努力加机会，才能让偶然变成必然，任何成功都离不开人的主观能动性，离不开努力和艰辛的付出。

（3）做事态度决定一切

同样一件事，不同的做事态度，会使结果南辕北辙。对态度的重要性，王卫有着深刻的认识，他说：“人生有百分之九十九的东西你都控制不了，只有一个百分点你可以掌控，那就是做事的态度。”

做事态度决定一切，你拥有什么样的做事态度，就能得到什么样的工作结果，乃至拥有什么样的人生。

（4）逢敌必亮剑，战死也好过做俘虏

2008年年底，王卫在一次内部题为《用生命捍卫价值观》的讲话中这样说道：“人可以输，但不能输掉尊严！死随时都可以，但要死得有价值！战死，好过做俘虏。我们的团队需要这种视死如归的军人气质。”

事实上，顺丰能够从众多的国内外竞争对手中生存下来并脱颖而出，正是这种视死如归的亮剑精神在发挥作用。

（5）做画家，而不是一辈子做画匠

王卫曾经这样说：“同样是画画，有人一辈子为画匠，有人却是画家。”王卫希望成为企业家，而不是像画匠一样的小企业主、暴发户。其实，从早期的“削藩收权”运动、变加盟为直营，到反复试水电商、不断寻找顺丰新的增长点和第二增长曲线，就可以看出王卫作为企业家的冒险特质和追求：不求小富即安，而志在基业长青，长治久安。

（6）没有条条框框，问题就解决了

有人问王卫：“你高中就离开学校，但见解远远超过许多高学历的人，你是怎样领悟的？”

王卫答：“我没有条条框框，一切都回归到‘面临什么问题，需要什么东西’方面。有时我们学了某个框架就想套用，因为不理解设计初衷所以不匹配。”

我们讲要冲破思维的围墙，王卫从不给自己的思维设限，没有条条框框的束缚，反而更容易直达问题的本质，寻找到解决方案，“面临什么问题，需要什么东西，给出什么解决方案”。

（7）让员工感受企业文化

王卫讲，企业需要做的就是尽可能让员工在公司待久一点，这样才能让他们感受和融入企业文化，企业也才能有针对性地进行培养，并尽可能给他们所需要的。首先要让员工能够留下来，接受企业文化，然后再通过企业文化、制度、培训、激励等方式让员工真正融入整个团队，找到归属感，获得荣誉感，融入企业文化。

（8）坚持正道

王卫曾这样解释他所理解的顺丰使命：“希望能通过自己的努力种下一些善因，通过顺丰的发展成就一些功德：一是给六七万员工提供一份好工作，有前途的工作。二是引导大家有一个正面的人生态度，不要通过不正常的行为，便捷地去获利，这不是‘正道’。”

这种遵循世间法则正道的理念还渗透到顺丰的具体业务中。据王卫回忆，2002—2003年有一次全国大补税的行动，当时顺丰也参加了补税，大概补了1000万元。在王卫看来，偷税、漏税的违法经营行为并不是他的意愿，而是内部员工利用监管漏洞而为，王卫查清后，首先选择进行补税，而后依法处理了那些内部的违规者。

王卫不想因为蝇头小利而给企业“埋雷”，既是坚持正道，又是着眼于未来。

3. 王卫的挑战与改变：打破“我执”

2017年借壳上市，是顺丰发展史上的一个重大分水岭。上市前，顺丰是创始人王卫“一个人的企业”，上市后，顺丰成为公众公司，不仅要对王卫负责，还要对股东负责。

上市前，顺丰采取直营模式，公司总部高度集权，在决策机制上更是高度集中，企业发展所有的大政方针和重大决策，几乎都由王卫一人包办，即使其他高管和智囊有建议权，但最终还是王卫来拍板。

上市前的顺丰成功模式在于其标准化和流程化，包括普通员工和管理层，一旦被纳入这个庞大的组织体系，无须创新，无须动脑，只要找准自己的位置，扮演好自己的角色，照章办事即可，员工更多是执行者，无须做过多的自我决策，当然，他们也不具备相应权限。

客观来讲，王卫的教育背景虽然一般，但他对行业的理解、对商机的把控、对危机的敏锐嗅觉、对变革的决心，无疑都处于一流商业领袖的行列。

但现实是，再英明的领导也有决策失当的时候，尤其是随着企业的不断壮大，企业领袖对企业终端的敏感性和控制力会越来越弱，对企业的控制力也会越来越弱，在此基础上做出的一些决策，很难做到疏而不漏，即使是百密一疏，也有可能给企业发展招致严重的后果。而且，一人集权制，也会导致老板过度操劳，下属则难堪重任或者老板认为其难当重任。有业内人士曾这样评价王卫："王卫最大的敌人，不是UPS，不是EMS，其实是他自己。因为他太能干了。顺丰的战略基本不会出大问题，只要王卫自己不糊涂，出问题一定在局部和细节。"

举例来讲，"顺丰优选"在短短6年内换了7任主帅，就很能说明这一问题，称得上是"铁打的'顺丰优选'，流水的主帅"。但最后"顺丰优选"的业绩仍然没有太大的起色。在频繁的换帅中，"顺丰优选"连年亏损，据统计，2013—2015年的3年里，顺丰商业板块（"顺丰优选"与"嘿客"便利店合并入此板块）的亏损累计达到16亿元。这种结局固然是由多种因素造成的，但王卫的决策（项目决策和用人决策）不当恐怕也是一部分原因。

按决策主体不同，决策方式主要有个人决策和群体决策两种。

个人决策的优势是效率高、速度快，如果碰到英明的管理者，以满分100分计的话，很可能会做出98分的伟大决策，但个人能力毕竟有限，难免会有疏漏的时候，这样一来，就没有了底线，管理者很可能会做出20分甚至更低的灾难性决策。

而群体决策，则是建立在一个决策团队、一个决策体系、一种决策制度之上，这种民主式的决策，虽然由于众多人参与会出现一些争执的现象，效率相对也会低一些，甚至无法做出90分以上的英明决策，但不至于做出不及格的低水平决策，能将决策平均水平保持在60～80分的优良水平之间。事实上，从一个较长的时期来看，这种稳定的决策水平，才能给团队、组织带来渐进式的进步，而不是大起大落。

如果说顺丰在“王卫一个人的企业”时期，主要是一人决策的集权模式，那么顺丰上市后，其决策模式则切换到了以王卫为首的团队决策、群策群力的民主式决策模式，因为顺丰不再仅仅是王卫“一个人的企业”，他需要对其他股东负责。

尽管上市后，王卫作为公司实际控制人间接持有顺丰将近60%的股权，拥有绝对控股权，但其他40%的股东仍然具备一定的话语权和监督权。

在接受《南方日报》采访时，王卫就指出：“做了20多年的老板，你要把心沉下去，听另外一个人讲话，有的时候可能还未必听得懂。”在王卫看来，这是打破“我执”的过程，敢于否定自己的态度和能力，去服从更厉害的人。“以前的成功是未来更成功的壁垒，如果你不打破它，就不会得到更大的成功。”

当记者提出“近期顺丰联合8家公司打造国内最有影响力的供应链大数据平台，提升行业国际影响力，是出于怎样的战略考虑”这一问题时，王卫的回答是：“这就是第二个打破‘我执’。过去20多年，我是顺丰的单一股东，拥有100%的股权。2013年，我们引进招商局进行股份制改革，2017年2月24日正式上市敲钟。这个过程中最大的挑战就是自己，以前我不用开董事会和股东大会，自己回去想一想，战略就定了。但在股份制改制以后，股东大会上会突然有人问‘王卫你为什么会这样’。他有权提问，我也有责任回答。

“这是对自己的否定，就是打破自己。同样，联合业内公司打造供应链大数据平台，顺丰只占约10%的股份。我们要表达更开放、更平等、更公平的理念，互相合作，取得长期共赢的局面，这才是未来。”

对于公司治理方式的重大转变，王卫的头脑显然非常清醒，他曾公开表示："上市不是上岸！"

有与时俱进的清醒头脑，勇于打破"我执"的王卫，或许才能带领顺丰走得更远。

4. 乐善好施的王卫

在2016年公司年会上，王卫说：“顺丰有爱，真正爱我们的员工，不是出于忽悠的爱。”王卫经常跟同事说，不要用投递员来称呼他们，而要将他们称作“孩子”。

王卫的爱心并不局限于内部员工，王卫信佛，信佛的人往往乐于行善布施，佛教中的舍是“应无所住，行于布施”，即布施者心里不存在作为布施者的“我”和受施者之区分，所施的物也并不放在心上。

王卫本就低调，再加上佛教潜移默化的影响，他很少主动提及自己所参与的公益项目和爱心捐助，而且对外公益活动也多是以顺丰的名义进行。据不完全统计，顺丰的公益活动覆盖了抗击疫情、抗震救灾、扶贫助学、灾后重建等。

2003年，在“非典”疫情中，顺丰捐款200万元。

2004年、2005年，顺丰投入慈善事业资金，共计250余万元。

2006年、2007年，顺丰投入慈善事业资金，共计250余万元。

2008年，顺丰向汶川地震灾区捐款1000万元，捐赠可供3500人使用的帐篷，委派78名志愿者赶赴灾区参加救助和重建工作，并助养地震灾区北川、青川、安县3地的44名孤儿至18周岁。

2009年，顺丰投入慈善事业资金共计250余万元。

2010年，青海玉树地震，顺丰航空为灾区无偿运送发电机组，并捐款1000万元，当年投入慈善事业资金共计1650余万元。

2011—2012年，参与多省的贫困小学援建，投入慈善事业资金上千万元。2012年，顺丰莲花助学项目启动，主要致力于为贫困高中生提供经济资助，以及开展夏令营、梦想分享会、班主任计划、陪伴人计划、反哺计划等陪伴支持项目。2012年12月，顺丰在民政部注册成立顺丰公益基金会，进一步扩展顺丰公益的业务范围及区域辐射范围。

2013年，顺丰参与雅安地震赈灾，为各地赈灾物资提供免费运送，累计免运费达2700万元；用于教育、扶贫上的捐赠达1200多万元。

2014年，顺丰暖心项目启动，项目包含儿童先心病救助、儿童血液病和恶性肿瘤救助、孤儿养护三大救助模块，同时在各救助模块融合人文关怀行动，形成多个子项目并行的儿童医疗救助项目矩阵，为孤贫儿童提供及时高效的医疗救助和人文关怀服务。截至2020年年底，顺丰暖心项目已累计投入2.8亿元，共计救助患儿及孤儿12115名。

2016年，顺丰公益基金会经评估立项，携手普洛斯，与榕江县签署怎华、高略顺丰莲花小学援建合作协议，由顺丰公益基金会出资250万元，普洛斯出资50万元，与当地政府配套筹措资金一起，重建新校，其中高略顺丰莲花小学已于2019年建成并投入使用。

2020年，顺丰宣布捐助2000万元，以帮助湖北省抗击新冠肺炎疫情，并宣布开通救援物资免费公益运输通道。此外，顺丰还向武汉派出了2架专机，运输了32吨医疗救援物资。2020年，顺丰公益基金会公益总支出超1.3亿元，设有21个志愿者协会，实际有585名志愿者参与活动，志愿服务时长1580小时。

2021年，顺丰捐赠2000万元，用于保障河南水灾受灾群众人身安全、紧急采购与运输救灾物资，以及灾后困难群众生活救助。顺丰公益基金会、顺丰各地分公司协调到30000个编织袋运往河南抗洪前线，抗汛装沙。

2022年2月，香港疫情趋紧，顺丰集团捐赠2000万港元支援香港抗击疫情。

截至2022年，顺丰公益基金会已经走过10年历程，参与了非常多的公益项目，但却鲜少出现在宣传报道中。顺丰公益基金会的主要公益项目有顺丰莲花助学（资助贫困学子）、顺丰暖心（0～14岁孤贫患儿救助）、顺丰莲花小学（捐资建校）、顺丰凉山爱心班、一人一书桌等。其中，顺丰莲花小学项目自2013年启动至今结项，已先后在甘肃、湖南、云南、贵州建成10所乡村小学，累计公益支出约1863万元。

2021年7月20日，福布斯发布2021中国慈善榜，共有100位企业家上榜。顺丰董事长王卫以1.3123亿元的捐赠额排名第35位，他已经连续3年荣登福布斯中国慈善榜。

王卫说："做企业的目的不是赚钱，我是想做成一个平台。"这个平台不仅是王卫施展理想和抱负的平台，也是王卫关爱员工和回馈社会的平台，致力于承担更多的社会责任。

5. 王卫的信仰和修炼

“吾等定此血盟不为私利私欲，但求团结一致，为社会、为世人成就事业。特此聚合诸位同志，血印为誓。”这是稻盛和夫先生在创业之初立下的誓言，当时公司仅有8人。现如今，稻盛和夫已成为迄今为止世界上唯一一位一生缔造两家世界500强企业的企业家，被人尊称为“经营之圣”。

王卫也是一个有信仰的人。他信仰佛教，从佛教中悟出了很多人生感悟和经营之道。

（1）成功是因果循环的福报

王卫表示：佛教让人内心平静，并且读懂佛教中的因果关系能够让人醍醐灌顶。在王卫看来，人生中有99%的东西都控制不了，只有1%可以掌控，那就是做事态度，究竟是选择积极的做事态度还是消极的做事态度、是接受正念还是邪念，由个人来决定。如果在这方面做出正确选择，那么这一个点将会放大成一百个点，从而弥补其他方面的不足。

王卫说：“在企业的发展过程中，我越来越意识到，我今天的所谓成功，其实是上辈子积下来的东西，而在这个过程中，所谓的本事不本事，只是天时地利人和集合到一起的一个福报。”

（2）正知、正念、正行

佛教中有很多“法”的故事，这些故事的宗旨是帮助人们“正知、正念、正行”。在王卫的价值观中，这些故事虽然都是一些形而上的道理，但是能够给人以正念，给人以积极的人生观、价值观，同时还能够通过接受者的一言一行进行更广泛的传播，要比直接授人以鱼、予人钱财，影响更广，功德更大。王卫表示：“企业文化做得好，也具有这样的功能。”

企业文化是企业价值观的体现，马云在中欧国际工商学院演讲时曾表示：企业如宗教，企业的价值观如同宗教信条，信则进（加入企业），进则必须信，不信则换（换工作）。

积极向上、积极向善的企业文化同“正知、正念、正行”的价值取向是不谋而合的。

（3）有德才有威

王卫在谈及“德”的问题时表示：“有人觉得有钱有权就‘威’，我认为这个观念是完全错误的。这不是建立在金钱或权力的基础之上，而是建立在道德的基础之上。一个人可以昂首挺胸地走在路上，并且收获的都是尊敬且乐于亲近（而不是羡慕嫉妒恨）的眼神，这才叫‘威’。”

现代领导学认为：领导已不单单是一种职位或权力，在很大程度上是一种影响力。不管是否有特殊的职位，任何人都可能在某些时刻对他人产生影响力，这种影响力的关键在于“德”。道德素质较高的领导者，常常能一呼百应，就是因为在下属和公众中有比较强的影响力，可以轻而易举地发挥其领导才能。而道德素质低的领导者，则威信比较差，人们对其所作所为一般都持怀疑观望的态度，这样的领导者很难动员和开展实际工作，其影响力也会显得苍白无力。

因此，王卫强调："你服务的客户是什么样的人，首先你自己就得是什么样的人。这叫'德'、这叫'威'，而不是开豪车住豪宅，出手阔绰，每天鱼翅漱口叫'威'。如果大家都能这么想，那么我们这个社会也就离大同社会不远了。"

（4）危机意识与积极乐观的态度

王卫是一个危机意识很强的人。危机意识本身并不是目的，企业领导人养成危机意识的目的在于直面危机、战胜危机。海尔集团创始人张瑞敏说过："我每天都如履薄冰，如临深渊。"如何战胜危机？联想创始人柳传志的答案是："我们一直在设立一个机制，好让我们的经营者不打盹，你一打盹，对手的机会就来了。"

王卫迎接危机的态度则是积极乐观，敢于尝试，敢于学习，边走边看，边看边学，边错边改。王卫说："就拿我自己来说，难道这20多年一路下来我是接受了大公司的熏陶锻炼才做成顺丰的吗？我一开始是在外面做印染生意的，然后才转行做快递。每一年公司的体量都在增长，你认为是有外面其他大企业的CEO提供了借鉴或帮助我们才做好管理的吗？真有这样的好事我也乐得清闲。恰恰相反，这些年完全是由我们自己独立操刀来完成的。这么一路，我们都是通过'边走边看，边看边学'来不断提升自己的。

"所以我认为，不要老是在那问有没有准备好、是否完全具备某项能力，对于公司发展和变革来说，时不我待。现在的企业都是边走边看，边看边学，边错边改，这就是迭代。不是说一下子就要你拿出一个完美的方案或产品来，而是要有敏锐的嗅觉和快速纠错的能力。"

推荐阅读

一本书读懂汪滔和他的大疆！

书　名：汪滔：让梦想飞得更高

作　者：高林

书　号：978-7-5454-8527-1

定　价：55元

出版日期：2023年1月

出版社：广东经济出版社

完整系统解读董明珠和格力的实力之作！

书　名：霸气女皇董明珠：全球最大空调企业格力成长内幕

作　者：魏昕 刘云菲

书　号：978-7-5454-4588-6

定　价：48元

出版日期：2017年10月

出版社：广东经济出版社

推荐阅读

明明白白合伙，清清楚楚分钱！

书　名：合伙制：重新定义企业的组织形式

作　者：解银坤

书　号：978-7-5454-5402-4

定　价：45元

出版日期：2017年6月

出版社：广东经济出版社

一本书告诉你股权激励该怎么做！

书　名：股权激励：融资、融人、融智的零成本秘诀

作　者：陈丰

书　号：978-7-5454-5403-1

定　价：45元

出版日期：2017年6月

出版社：广东经济出版社

推荐阅读

跨界达人写给创业小白的实战书！

书　名：30分钟学创业：手把手教你解决7大核心问题

作　者：姚茂敦 杜春翔

书　号：978-7-5454-8140-2

定　价：48元

出版日期：2022年6月

出版社：广东经济出版社

揭秘中国完美创业团队的创业历程！

书　名：这才叫合伙创业：从携程、如家到华住的启示（升级版）

作　者：高慕

书　号：978-7-5454-8314-7

定　价：72元

出版日期：2022年5月

出版社：广东经济出版社

推荐阅读

看穿投资迷雾，练就投资天眼！

书　名：解码估值：价值投资必读

作　者：考拉看看

书　号：978-7-5454-7088-8

定　价：48元

出版日期：2020年4月

出版社：广东经济出版社

擒贼先擒王，选股选龙头！

书　名：猎杀龙头股：巧用指标找准买卖点

作　者：丁力

书　号：978-7-5454-8273-7

定　价：58元

出版日期：2022年4月

出版社：广东经济出版社